河出文庫

グレン・グールド

吉田秀和

河出書房新社

グレン・グールド

◉

目次

II

名演奏家たち

グレン・グールド

名演奏家たち　II

リリー・クラウスの演奏を実際にきいた。日本フィルハーモニーの定期で、彼女がモーツァルトのハ短調協奏曲をひいた時である。私は、テレビでうけた印象を若干訂正しなければならない。

モーツァルトの協奏曲の定石にしたがって、管弦楽による提示がひとまず終って、ピアノが入ってくる時、クラウスは、まず最初のト音を力強くがっちり固める。そこから、その属音に蓄積されたエネルギーが音階的に流れおりて、終止形《カデンツ》の和音にまとまり結ばれる部分を、ト音にこめた力感とは対照的な、柔らかさで扱う。この短い経過の中には、はっと息を殺して見まもらずにいられないほどの緊張がこめられていて、それまで、比較的綿密に表情づけられていた管弦楽のトゥッティが、まるで平板に思いだされてくるくらいだった。その上、彼女は、トゥッティの終ったあと、ごく短いがはっきり目立つ休止をはさんでから、独奏をはじめたので、その対照は一層強く浮き出てくる。聴衆は、トゥッティが終って、独奏がそれを引きつぐのを予想しているところに、休止がくるので、思わず息をつめる。そこへ、ト音がはっしと強くうたれて、十分三拍をとった上で、柔らかくしかしリズムをつけながら、音階をすべりおりるというわけである。

このピアノの入り（Eingang）は、同じような形でもう一度くりかえされるのだが、それをきいただけで、もう、このピアニストの曲に対するアプローチのほとんどすべてが感じられるといっても過言ではない。それほど性格的な入りだった。私は、それを素晴しいと思い、同時に、少々意識的でありすぎると感じた。

結論的にいって、私はクラウスをこう評価する。彼女はたしかにりっぱなピアニストだ。しかし、時々、あまりに意識的に音楽を作りすぎる点が、感興をそぐ。それというのも、彼女が練りに練って考えをこらしてから演奏するというだけでなく、彼女の音が、ことにfの音がふっくらした豊かさに欠けているので、考え方の骨格が露骨に出てしまうからではなかろうか。というのも、場所によっては、クラウスもずいぶん陶酔的に自発的に音楽を流してゆくのだが、そういう時は、主として旋律をうけもつソプラノ声部の音ばかりが耳について、内声や低音があまりにもひっこんでしまう。そういう場合と、さきにかいたような重要な入りとの食いちがいが、また、考えの露骨に出る個所を、より目立たしてしまう。

その上、不幸なことに、ハ短調協奏曲は、モーツァルトの最も特性的な情熱にあふれた傑作だし、第一楽章の導入は、数あるモーツァルトの名作の中でもまたひときわ鮮やかな出来栄えなのだが、この楽章全体を通じて、なぜか、モーツァルトは、ピアノのバスを、同じ時期のほかの作品に比べてさえ、古風な、一時代前のゲネラル・バスのスタイルで扱っている。そうして、これがまた、さきにのべたクラウスの奏法の特徴を悪い方に露呈してしまう。

それにしても、彼女が協奏曲のあと、アンコールに、モーツァルトのト長調のミヌエット（K五九四a）をひいたのには、驚いた。この曲は、あらゆるモーツァルトのピアノ曲中でも、特に近代的な半音階的変化にみちたもので、どうしてこの曲が一曲だけ書かれたか、ちょっとわからないほど謎めいた姿をしている。それほど特異な、しかも渋い、知られてないものを、アンコールでひく。私は、そういう思いきったことをするこのピアニストの知的な性格に、改めて興味を感じた。クラウスは、そのあともう一曲、今度は《トルコ行進曲》をひいた。前にもふれた、これは、聴衆へのサーヴィスである。

彼女について、意外なことがもう一つ起った。私はこの章では、G・グールド、A・

ベネデッティ＝ミケランジェーリ、S・リヒテル、W・ホロヴィッツの四人について書くつもりだった。四人が四人、私の実演に接したことのないピアニストばかりだが、とびぬけて天才的であるだけでなく、みんな何か常人とかけはなれた点が感じられるからである。本物をきけば、私の考えは変るかも知れない。そういう人の場合、私は触れないのが習慣である。だが、今は、それにも拘らず――あるいは正にレコードでしか知らないうちだからこそ、書いておきたいのである。

そのことを、《芸術新潮》の白井重誠さんに話したところ、彼は、そういえば、リリー・クラウスと面談した英文学者のK・G氏が、先日こんな話を教えてくれたと話してくれた。氏が、今世界で活躍しているピアニストで、彼女が特に評価しているのは誰かときいたら、クラウスは、こう答えたというのである。〈㈠ミケランジェーリ、特にロマン派とバッハ。㈡グールド、特にバッハのゴールトベルク変奏曲。ただし、この二人はレコードでしか知らない。㈢はリヒテル。彼のモーツァルトは好かないが、ラフマニノフの協奏曲は、まるで彼のためにかかれたようなものだ。㈣あまり知られてないが、ポルトガルのピアニストでセルジオ・バレラシッドという人がいる〉と。

私がもう一度おどろき、それから得意になったことは、いうまでもあるまい。自分のかたよった好みが、意外なところで確認されたのだから。

私は、グレン・グールドからはじめる。グールドの名は、一九五八年、ベルリンで一日ちがいできそこなった時から、私の胸に刻みつけられてる名である。その時、彼は、ベルリン芸術祭の開幕の演奏会で、カラヤン指揮のベルリン・フィルとともにバッハの二短調協奏曲をひいた。あとで読んだ批評はすごかった。ドイツの有力紙は筆を揃えて――あのどちらかというと、時には馬鹿馬鹿しい気がするほど、意地の悪いハンブルクの《ディ・ヴェルト》の批評家でさえ、ほめちぎっていた。要は、バッハの様式を完璧に正統に伝えた、感動にあふれた大演奏だ、というのである。そのあと、私は、ちょうどそのころベルリンにいた園田高弘、松浦豊明両氏とラジオのための座談会をしたが、この日本の代表的秀才たちも、賛辞を呈していた。ことに弱音が言葉につくせないくらい表現的で美しいという言葉でもって。そのあと、私は、ハンブルクで彼の演奏会の広告をみて、手ぐすねひいて待っていたところ、急病ということで突然流会になってしまったので、口惜しさは倍加したわけである。

グールドについては、伝説的な挿話はたくさんある。ニューヨークのデビューの時、ニューヨーク中のスタインウェイ・ピアノをひいてみて、演奏会に使うものを選定したとか、演奏中は実に行儀がわるく、片膝をもう一方に重ねてひくとか、演奏中やたらと呟《つぶや》いたり歌ったりするとか、その他気紛れもはなはだしく、発表した演奏会をキャンセルするばかりでなく、気が向かなくなると会の途中でも中止してしまうとか。

噂は別としても、彼の経歴がすでに異常で、一九三二年カナダのトロントに生まれ、三歳の時から母親に手ほどきをうけたあと、十二歳で同地の音楽院を卒業してしまったが、こういうことは同院の歴史にかつてなかったことだという。（日本のレコードのジャケットには同院の助教授に任命されたと書いてあるが、アメリカの盤をみると、単に同院開設以来の年少な卒業生〈Graduate〉としか書いてない）。そうして一九四七年にトロントでデビュー、一九五五年アメリカに出現して、たちまち〈a pianist of divine guidance〉とか〈a pianist with rare gifts for the world ......We know of no other pianist anything like him of any age〉とか絶賛されるに至った。

私が、彼に非常な関心をもつようになったのは、こういった噂や経歴にひかれてでもあるが、そのあと、レコードをきいてみても、彼の演奏が、普通のピアニストでは考えられない美しさにみちているので、ますます魅かれてきた。その桁外れなことは想像を絶していた。

グールドは、まずバッハ。クラウスのこの意見に私は賛成する。彼のバッハのレコードは、私の知る限り三枚あり、《ゴールトベルク変奏曲》、《イタリア風協奏曲とパルティータの一、二番》、それから《フーガの技法》の中の一番から九番までをオルガンで入れたもの、以上である。このリストが、すでに並々ならぬものであること、いうまでもあるまい。

ところで、正直なところ、ちかごろ日本でもやかましくなったバッハの正統な演奏なるもの、私にはあまりピンとこないのである。バッハの記譜法が、近代のそれと違うこと。ことにダイナミックや発想記号、速度記号が極度に乏しいこと。符点音符の扱いに慎重を要すること等々は、もう周知の事実としてよかろう。（こういう記譜法が現代の常識からいって完備しだしたのは、リスト、ブラームスの世代からである）。従って、バッハが十九世紀中葉に再評価されて以来今日まで、それぞれの時代の演奏観は彼をちがって解釈し、演奏の名家や名教師たちは、それぞれの流儀で注釈本を発行したり、なかには思いきって編曲したりしてきた。これも常識である。

だが、私によくわからないのは、現代のバッハ演奏の基準である。いや、もっと正確にいうと、批評の基準である。まずテンポは人により区々《まちまち》であり、表情記号もそうであり、なかにはフレージングから、レガート、スタッカートのとり方もかなりちがう。にもかかわらず、あたかもすでに何かの基準が発見されたかのように、バッハの演奏について批評が行われている。私は私なりに、カサルス、ランドフスカ、ヴァルハなどのバッハを高く評価している。けれども、それでもってバッハの解釈が尽されたとは夢にも考えられない。

その議論を抽象的にここでしてみてもしようがあるまい。まずグールドの《ゴールトベルク変奏曲》をきこうではないか。この主題と変奏の一つ一つのテンポは、ランドフスカたちのとは、かなりちがっている。普通は主題の次の第一変奏はあまり早くとらないが、ここではもう一気にひきあげられる。だが、ここには本当に自由でさわやかで、しかも、音楽はこれ以上細かい心遣いを必要とするほど卑弱なミューズの子供ではないことを確信させずにおかないほどの放胆さと繊細さの稀有な結合がある。その上、この変奏曲は、配置がほかに類のない独特なものである。2度から始まって9度までつぎつぎに音程の距《へだた》りの増大してゆくカノンを軸にして、その前後に、私たちの計算では手に負えない自在さでいろいろなタイプの変奏がはさまれているし、その数も一定していない。(これはモーツァルトやベートーヴェン、ブラームス、その他の定式化され、計画された変奏の配置とちがう原理による構成である)。不眠症で困りぬいたドレスデン駐在のロシア大使の慰めと楽しみのためにかかれたという有名なエピソードの真偽のほどは、わからないけれども、とにかく、この曲は、ほかの音楽家はもちろん、大バッハでさえも二度とはかかなかったほど、奇妙な曲である。その一つ一つのテンポと色合い、性格を区分し、処理するグールドの演奏も、ほかの場合とちがう。私には、その秘密はまだよくわからない。しかし私は、これをきくと憑かれたような気持になり、ほかの人々の常識的で上手というばかりの演奏に我慢できなくなる。

異常なのはテンポばかりではない。グールドは、しばしば、音楽が進むにつれて、その基本のテンポを加えたり減らしたりする。それも、ちっとやそっとでなくて、いわば地すべり的に大きく動かす。（《パルティータ》第二番の序曲のアレグロに入ってからの部分など、その著しい例だが）。それでいて、リズムは崩れない。これは、私には、極めて注目すべき近代的な鋭さを感じさす。また彼は和音をしばしば短いアルペジオのように崩すが、（バッハばかりでなく、モーツァルトやベートーヴェンをひいた時でさえ、そうだ!!）、それが、バッハの対位法的な書法による他の線の動きにすばやくさしはさまれる結果、そこから予想できなかったリズムの戯れが生まれてくる。それから音色、タッチの鮮やかな変化、ことにノン・レガート奏法の全く未聞の鮮やかさ。彼は、一段しかないピアノの鍵盤を使って、まるでチェンバロのような格段と差のついた音色の変化、対照を作りだす。（《パルティータ》第一番のミヌエットの例は、どんな人にもわかる）。それに微妙な装飾音の操作は、時に、バッハが特に愛用したクラヴィコードのまるでヴィブラートをかけたような音の漣《さざなみ》を作りだし、それで歌わすことさえできる。（同じ《パルティータ》のサラバンド）。それは、しかも何という歌だろう！　ロマン派の臭気をぬけきった深みで生まれる親密さと繊細さを合わせもった抒情。（この変奏曲の第二五番変奏）。これらのバッハをきけば、リリー・クラウスだけでなく、およそ現代ピアノ奏法のすばらしさと限界とを同時に感じているものには、いかにグールドのバッハが、大きな始まりの可能性を示しているかを痛感せずにいられないのではないか。グールドは、現代のピアノでバッハをひきながら、それをブゾーニのようにピアノ的機能に隷属させるのでもなければ、ランドフスカのようにチェンバロに戻すのでもなくて、ピアノの音楽をバッハに即して拡大深化させる。彼のバッハは既成の常識をはみ出したというだけでなくて、ブゾーニ、カサルス、ランドフスカといった過去の世代のバッハ像を変革する。彼は、そういう点で、まず専門家たちの度肝をぬいたのだろう。

しかも、その彼を、批評家たちは〈バッハの真正な姿を再興したもの〉と称賛する。それはドイツやアメリカの批評家ばかりではない。一九五七年ソ連を訪問した彼は、そこでも《ゴールトベルク変奏曲》をひいて、〈まるでバッハ自身が二百年をへだてて再現して自作をひいたような〉という批評をうけとっている。私には、どうも、現在行われているバッハの演奏解釈、批評の基準がよくわからない。ここで考えられるのは、現代の耳には、従来のバッハ像はもう真正なものとして、私たちを満足させないということであり、さらにグールドはその破産を端的に自分の演奏で示したということであろう。くりかえし書いてきたように、各世代はそれぞれの理想像をもつべきなのだ。

それにしても、このレコードを入れたころのグールドは二十歳代の中ごろ。恐ろしい天才が現われたものである。

グールドには、バッハのほかに、ベルクの作品一のソナタ、シェーンベルクの作品一一の小品集、クシェネックの三番のソナタを入れたもの、それからモーツァルトとシェーンベルクの協奏曲のレコード、ベートーヴェンのものなどがある。

ベートーヴェンでは第四番協奏曲をきいたが、これがまた驚くべきものである。何よりもテンポの遅いこと。バッハでほかの人より早いのと同じくらい、こちらではおそい。第二楽章はアンダンテ・コン・モトでなくて、アダジオ・ソステヌートのようだ。グールドがブラームスの第一協奏曲をひいて、あまりに桁外れのテンポを主張したので指揮者と衝突した話をきいたことがあるが、この曲でそれが起ったとしても、私は不思議に思わないだろう。そうして、その時も、このレコードでも、伴奏はニューヨーク・フィルにバーンスタインの指揮である。日本盤のジャケットには、いつのこととは断わらずに、バーンスタインが演奏の前に聴衆に向って言訳をした事件にふれている。

しかし、この演奏、細部の美しさは非常なものである。私には、グールドという人が、私たち常人に比べて、はるかに微視的な感受性をもっていて、何気なくひきながされ、何気なくききすごされる部分でも、音の一つ一つについて、より精密に、より強度に表象できる異常に鋭感で迅速な感覚をもっているのではないか、という気がしてならない。だが、ベートーヴェンはむずかしい。彼は、そういう細部を積み重ねていって全体になるというのでない音楽をかいた天才なのである。つまりベートーヴェンの音楽では、各部分はある指向性をもっていて、それらはどこからか来て、どこかへ前進してゆく音楽なのである。言いかえれば、すべての部分は全体の中でのそれ自身の特定な位置を与えられていて、その位置づけが明確でないと、きいてもわからない。少なくとも、私には、グールドのベートーヴェンは、時々、その位置づけを離れ、その個所々々での即自的な美しさが際立ってしまう。しかし、ダイナミックな躍動は失われていても、それぞれの個所はすごく美しい。私はこの一曲だけでグールドのベートーヴェンを考えるわけにはいかない。だが、モーツァルトとなると違う。

私のきいたのは、ほかでもない、クラウスがひいたのと同じハ短調の協奏曲である。これをきいていると、まず、モーツァルトという天才が、まるで昆虫のような本能でもって、一分の隙もなく、音楽の糸を紡ぎ出し、音の建築をきずきあげたのだということを痛感しないでいられない。この完璧さは知的なものではない。もっと本能的な全体的な働きから生まれたものである。

モーツァルトは、音楽を始める、その導入の仕方の大変な天才であるが、この曲ではそれがまたことのほか見事にできている。主題は発展から生まれるが、その発展は、例の７度の飛躍で何回も戯れながら、おのずからな動きが作るのであって、計算ではない。こういう自発的で軽快で、――しかも、特筆すべきことには、この曲では、それが情熱の流露のうらづけになる――そういった生成の結果が、いつの間にか、主題になる。こういう経過を作るグールドは、モーツァルトに劣らないほどの微細で破綻のない持続感を自分の中にもっているにちがいない。

この協奏曲の圧巻は終楽章であり、グールドの演奏もそこに至って一際冴えている。このレコードの日本盤のジャケットに、グールド自身のかいた解説が邦訳されてのっているが、二重変奏の形でかかれた終楽章には、モーツァルトが協奏曲という種目について考えたことの核心がよく出ている。

それはもう、バッハたちの合奏協奏曲、つまりトゥッティとソロとの対比で、ダイナミックと音色の対照的交代を作りながら、音楽を作ってゆくという発想から、遠く発展してしまった。より近代的なダイナミックと和声に裏づけられた音楽的思考の帰結なのである。いや、帰結といってはまちがいだろう。歴史は、決して、私たちが、後世になってから整理したような筋をおって生成発展するわけではない。その帰結とみえるものをなしとげるのには、モーツァルトの天才が必要だったのだ。

だが、グレン・グールドに戻ろう。同じレコードには、シェーンベルクの協奏曲が納められている。モーツァルトとシェーンベルクを組み合わせるなどとは、現代のほかのどんなピアニストが考えつくだろうか？　また、それが単なる思いつきでない証拠は、グールドの演奏が示している。シェーンベルクを演奏したレコードで、これほどの高度の水準に達したものは、ほかにごく少ない。（私のさし当って思い当るのでいえば、ジュリアード弦楽四重奏団の弦楽四重奏全四曲。ブーレーズが指揮しヘルガ・ピラルチクの歌った《ピエロ・リュネール》ぐらいである）。

グールドのシェーンベルクは、この協奏曲のほかに、作品一一の小品集もある。彼の異常に冴えた感覚の美しさは、たとえるものがない。しかもそれは単に感覚的なものに止まっていない。この協奏曲でも緩徐楽章に当る部分から最後のロンドの部分に移る個所などは、彼が、シェーンベルクと同じように、十二音の音楽を技法的なものとしてではなくて、あくまでも過去の音楽からの正統な継承の線の上での音楽として捕えていることを証明している。

シェーンベルクの音楽は、今ではもう完全にヨーロッパ音楽の古典につながり、その系譜にくりこまれてしまっている。演奏家で、バッハ、モーツァルトからシェーンベルクにおよぶレパートリーをもつ人も少なくなくなった。指揮者のH・シェールヘンやカラヤンもそうである。しかしピアニストで、これほどの水準でそれを作ってしまった人が、ほかにどのくらいいるか、私は知らない。

十二歳で音楽院を卒業、二十歳そこそこで欧米にまたがって、公衆を摑み、専門家を驚倒させた人物（ソ連の批評をもう一つ引けば〈Gould is not simply a pianist ; he is a phenomenon〉ということになる〉。こういう人物が、これからどうなるのか。恐らく彼は、今すぐにでもきいておかなければならない音楽家に属するのではなかろうか。というのも、私は、この型のピアニストたちは、みな、何か異常なものをもっているのではないかという感じがしてならないのである。

去年、私があるアメリカのヴァイオリニストにあった時、グールドの話になると、彼の意見もそうだった。〈グールドはあまりにも早く上昇する。彼はいまが、きき時かもしれない。私は今だってもう、時々彼の演奏についてゆけないことがあるし、いつかは、この貴重《プリーシャス》な精神と肉体の均整が崩れてしまうのではないかと、不安に感じる時もあるくらいだ〉と彼はいっていた。

ベネデッティ＝ミケランジェーリ。このイタリア人も不思議なピアニストである。私は、かつてラヴェルの協奏曲をきき、最近では、ブラームス、バッハ、ショパン、ドビュッシー、アルベニス各一曲といった奇妙なレコードをきいた。それもブラームスは《パガニーニ変奏曲》。バッハはブゾーニの編曲した《シャコンヌ》、それにドビュッシーの《水の反映》といったごたまぜである。

だが、演奏は、あきれるほかないような水際立ったものである。彼のブラームスは、ロマン派様式などという枠に納まったものではない。それはまさにパガニーニ・プラス・ブラームス。つまりヴァイオリンとピアノというヨーロッパ十九世紀音楽の王と女王の場を占めた二つの楽器の魔力の極限をつくした曲を、悪魔の腕をかりてひきまくったような演奏である。またバッハ＝ブゾーニの《シャコンヌ》も同じだが、そこにはバッハの、ヴァイオリン原曲の跡は全くない。ミケランジェーリは、原曲のおもかげに近づくというような軟弱な、あいまいなものはかなぐりすてて、ひたすら〈ピアノをひく〉。これはグールドとは対照的なバッハである。というよりブゾーニである。いや、そのブゾーニさえのりこえた現代のピアノの一極限である。この異常さもただごととは思えない。この非感傷的な強靭さと強烈な演劇性とは、あくまでも、モンテヴェルディやスカルラッティを産んだイタリアのものだろうが、これも恐ろしいピアニストである。彼のレコードの少ないのも、レコード会社の怠慢ではなく、彼が容易に録音に満足しないからではなかろうか。

この人には、完璧主義に憑かれたようなものがあるのだろう。彼の《パガニーニ変奏曲》をきけば、それは初めの音から最後の音まで、一貫して聞かれる。（因みに、これは原曲から数曲が抜いて妙なものになっている。気に入らない録音は抜いてしまったのだろう）。その上、どういうわけか、私にはこのピアニストの音楽はすごく憂鬱に聞える。この変奏曲の演奏にさえ、貴族的で精神主義的な人間に時々見られるような癒しようのない憂鬱さがある。

それからリヒテル。私は、最近盛んにうりだされる彼の数多くのレコードを何枚もきいてない。クラウスにいわれなくとも、ラフマニノフがすばらしいだろうことは想像がつくし、いつぞや放送のテープをきいて、バルトークが良かったという話も、うなずける。しかし、私は、彼のひいたシューマンの《大幻想曲》とベートーヴェンのニ短調ソナタ、作品三一の二のレコードを何度もかけてみて、それだけで、もう、この大ピアニストの演奏が醸しだすであろう雰囲気が想像つく気でいるのである。シューマンの冒頭の優しさと激しさとが交りあった奇妙な歌には、――それを支えている低音の動きの大胆で正確な走句！――ほかのだれもひきだせなかったものがある。けれども、もっと深くて強いのは、ベートーヴェンのソナタの出だしである。あのラルゴとアレグロとアダジオの交代する主題の提示と、その反復。私は、あのラルゴの簡単な分散三和音が上がってくるのをきくたびに、その凄絶さに、いつも胸がどきどきして、苦しくなる。そうしてその余韻は、この楽章を通じて、消えない。また、それほどこの楽章は一息の嵐に吹きまくられている。私は、これが本当のベートーヴェンなのかしら？　と、聞くたびに自分にきいてみる。そうして、自分が新しいベートーヴェンに出会ったことを確認する。ベートーヴェン、特に中期に入りはじめたころの彼が、芝居気をはなれきれない悲壮美を強く発散していた音楽家であったのは、誰も知っているが、それにしても、これは救われないベートーヴェンである。ただし、第

二、第三楽章にはいると、リヒテルは、もうあまり興味をもってないかのように弾く。もちろん水準以上の演奏だが、そこには第一楽章の霊感はない。作品そのものも、その気味があるのだが、リヒテルの演奏は、作品の本体をむき出しの裸で示してしまう。この演奏家の天才は、演奏する自分に対して、なんというか、優しくって知的な思いやりで、作品をかばったり、バランスをとってやったりすることを許さない。これはとことんまで真実を追うというタイプのロシア人だ。トルストイとかドストエフスキーを産んだロシアの天才的芸術家である。彼が、ショパンでなくて、シューマンを好んでひくのも、そこに本当に狂気と流血をかけた真実の断片がまきちらされているからであろうし、私が、リヒテルのレコードをあれこれとあさらず、あまりたびたびかけてみる気がしないのも、そのためである。もしもこの天才的大ピアニストに、何か欠けているものがあるとすれば、それは〈趣味〉というものだろうと、私は思っている。

以上の三人に、ウラジミール・ホロヴィッツを加えると、私の四人の〈異常なピアニスト〉のカタログが揃うことになる。ホロヴィッツについては、いまさら、いうまでもないだろう。この人は、今世紀の前半の中ごろのピアノのためのピアニストの代表的な人物だ。彼の《展覧会の絵》のレコードをきいた人は、ピアニストとは、単にピアノで音楽をする人ということではなくて、ピアノにのみ潜んでいる魔性を解放する人だということを、とことんまで味わったに相違ない。ホロヴィッツは四〇年代に入ってからだったか、しばらく沈黙か、それに近い状態にいた。私がアメリカにいった五三から五四年には年一回のリサイタルがあったが、それも間際になってキャンセルされてしまったはずである。

　このごろはまたレコードを入れているようだが、スーザの《星条旗の下に》だとか、リストの《ハンガリア狂詩曲》などを、ものすごい難曲に仕立て、無類の技巧でひきまくっている。それはどうにも気違いじみている。だが彼の音！　それは音楽とかなんとかいう前に、ピアノでもどういう音が求められるかの、今にいたるまで基準である。ただ彼は、その音をどう用いるかで、いわば無対象の領域に入りこんでしまった。時には、鼻持ちならぬきざな演奏をするし、時にはショパン（たとえば第一番バラード）で底知れない憂鬱をまきちらす。

　ベネデッティ＝ミケランジェーリもリヒテルも演奏旅行をとりやめたり、演奏会の約束を取り消したりすることは珍しくないらしい。その上リヒテルは強度のアルコホルカーだという噂や、その演奏には著しいむらがあるという話もきく。ホロヴィッツの長い間の沈黙についても、噂があるが、真相を知る人はあまり話したがらない。

私は、特に異常な天才たちを集めた。けれども、私がそれをやったのは、ひとえに、ピアニストの天才には、とかくその傾向がある例が少なくないからだ。この楽器には、尋常な人間の域をふみこえたところに出てしまう可能性が内在しているのではないか。それは、すでに十九世紀のショパンやシューマン、リストが示していなかったろうか。そうして二十世紀に入り、これは、それまでの夢想的な躁鬱症ないしは蒼白き貧血症的なものから離れて、もっと別の強烈な光の放射された領域に移りつつあるのではなかろうか。狂人を集めたという非難よりも、私が恐れるのは、むしろ、この小文が、これら四人の天才の演奏を鑑賞する時に、不当な先入観を与える結果になったら、とりかえしがつかないということである。

というのも、私が、この四人を選んだのは、彼らが異常だからではなくて、ほかにない素晴しく高いものが、そこにあるからである。彼らが従来の教科書的約束や常識の枠をふみこえているのも、それは彼らが、バッハからロマン派に至る音楽を、その深みや高みの極みで、新しくつかみとったからである。私には、彼らは断固としてモデルンであると考えられる。ちょうど、かつての異常人ヘルダーリーンやニーチェが、当時そうであったように。*

＊後記 この中ベネデッティ・ミケランジェーリは一九六五年の春来日した。グールドのレ

コードはどんどん増えつつある。そういったことを契機として、私は自分の考えを別に書いた。興味のある方は《続批評草紙》（音楽之友社）を御覧頂きたい。

グールド讃

1

グレン・グールドについては、私は今まで幾度か話し（放送で）、かいてきた（特に雑誌『芸術新潮』に連載した《現代の演奏》昭和三十八年四月号で）。今さら新しくかくことが、果して残っているかどうか、疑わしい。彼について、私に残っていることはただ一つ、実際に自分の耳と目で、彼の生きた演奏にふれたいという希望だけである。しかし、この生きた演奏にふれたいという願いが熾烈であればあるだけ、私はまた逆に、私をそこまで、きくたびにかりたてる力を失わない彼のレコードの出来栄えに感嘆しないではいられない。私は正直いって、自分の趣味と考えとから、レコードより実演をはるかに、はるかに高く尊重する人間であって、この二つを比較するのさえ本当は気が進まない。そのうえ、現今のレコードの録音と再生の技術の進歩は、周知のように、本当に大変なものであって、いわゆるハイ・フィデリティの出現は、ある意味では、演奏家自身に危機的な脅威になっている。その最も特性的な点をあげれば、ハイ・フィデリティは演奏に極度の、文字通りこれ以上のことの考えられない、技術の完璧を要求しているわけだが、そういうレコード吹込みに、かりにある演奏家が、ある時、成功したとしても、彼は、もう一度、それをステージの上で再現できるかどうか確信がもてるとは限らないだろう。そのためには、彼は、自分の極限状況で仕上げたものを無限に反復しなければならない羽目に追いこまれるわけだが、それこそ、音楽における演奏という行為の本質に最も矛盾するものであって、そうやって自分自身を模倣するところでは、演奏のもつ現実的な創造性は失われてしまう。つまり完璧な演奏を求める現代のレコードの要求に応えることのできた演奏家は、あとは実際のステージでは、彼自身の理想的なイメージをたえず裏切りつづけなければならないことになる。これはオペラとかオラトリオその他、交響管弦楽の大規模な演奏については、視覚を奪われているレコードの本質からいっても、また大ぜいの合奏合唱の当然もつ偶発的で完全にコントロールできない要素の介在の不可避なことからいっても、多少事情が違うが、個人独奏家の場合には、ぎりぎりの要請となる。私の推測では、それだけに、現代ではレコードに吹き込む場合、独奏家のそのために要する準備は複雑で長期間にわたるものとなっているに違いない。それは実演のコンサートへの準備をよほど上廻ることになるだろう。

こういう事情、それに加えて、レコードでは、プログラムの編成に、コンサートとは違う自由が与えられ、普通の演奏会では冒険でしかないようなプログラムが、現代の発達し分岐化されたレコード市場の現実では、許されるどころか——大家や独創性のある演奏家の場合——特別に、そういうことが望まれる。またある種の音楽家にとって極度に必要な、外界から煩わされることのない純粋に孤独で、自己集中的な風土が、録音のスタジオにはすでに演奏家の到着する前につくられている。

ホロヴィッツは、すでに相当前からもう演奏会は開かずレコード吹込みにだけ専心しているといわれるし、グレン・グールドも近年はもっぱらそういう態度で終始してきているという話だが、そこには、こういう事情が働いているのではないだろうか。彼らはレコードから要求される完璧という性質を、演奏に対する裏切りとしてではなく、逆に、演奏の最高度に特徴的な品質の一つにきりかえ、孤独の中で自分たちの選んだ音楽と対決する。

ところで、初めにもどれば、そういうグレン・グールドのレコードの音楽の姿は、しかし、以上の前提と深く結びついているにもかかわらず、技術の完璧への献身とか、ロマンティックな意味での芸術家の孤独とかから抜けだしている。この音楽は、一面では奇矯といっても誇張ではないほど独特なものでありながら、もう一面では、あらゆるロマンティックな感情過多とは無縁な音楽である。この音楽には、おそらく天才の純潔とでも呼ぶほかないようなものが息づいている。彼の奇矯はそのために生れ、彼のこまやかさは、その純潔の徴《あか》し以外の何ものでもないのだろう。

2

私は、これまで二回彼の演奏をきく機会に近づき、二回とも、きき損じた。そもそも私が、彼についてきいたのは一九五八年のことである。その年の秋、彼はベルリンとハンブルクで演奏することになっていたのだが、私は、前者では一日遅れて到着したためにきき落し、後者ではさきにその街にきて手ぐすねひいて待ち構えていたのに、予告された演奏会が演奏家の病気か何かの事故でキャンセルされてしまったために、きき損じたのである。

私が一日おくれてついたベルリンでは、街の音楽関係者たちは前日のグールドの演奏の噂でもちきりだった。たまたま、そこには日本の二人のピアニストの秀才、園田高弘と松浦豊明がいたが、二人は口を揃えて、グールドを賛美していた。彼らによれば「グールドの音楽は口につくしがたい魅惑にみちていて、ことにピアニッシモの美しさは想像を絶している」というのだった。またベルリンの新聞の評では、グールドは——バッハの『ニ短調ピアノ協奏曲』をひいたのだが——「まさに二世紀にわたって死滅していたバッハ演奏の伝統を生きかえらせたかと思われる」というものであった。

日本に戻ってきて、私は、グールドのレコードをはじめてきいた。それはバッハと後期のソナタのベートーヴェンとだったが、ことにバッハに、私は心を奪われた。以来、私は、グールドのレコードをできるかぎり漁ってきいてきた。私が、日本のレコード批評家の態度に改めて驚いたのも、そのころのことである。私は、全部のレコード評をよんだわけではないから、当てはまらない人もいるかもしれないが、目にふれた限りでは、グールドのバッハのレコードが日本で発売された時、批評界の大勢は、否定的な、冷淡な言葉で支配されていたのである。私は、けっしてレコード通ではないし、きいた数はごく限られている。しかし、バッハの『パルティータ』ないし『ゴルトベルク変奏曲』では、これだけの演奏をきいて、冷淡でいられるというのは、私にいわせれば、とうてい考えられないことである。私は、日本のレコード批評の大勢がどうであるかとは別に、このことに関しては、自分ひとりでも、正しいと考えることを遠慮なく発表しようと決心した。

その後、私はまたヨーロッパに渡り、いろいろな音楽家と話す機会をもった。そうして、少なくともバッハの演奏に関心をわけあう音楽家の中で、グレン・グールドの

『ゴルトベルク変奏曲』のレコードをあげた時、無関心とか冷淡とかいうのは問題外として、いわば目を輝かして「あれは、もうこれ以上のことが考えられない名盤であり、ああいう演奏があったということ自体が驚異だ」という態度を示さない人のないことを経験した。そういうことは日本にいても経験できるはずであって、数年前リリー・クラウスが来日した時にいった言葉の中にも、彼女がグールドの『ゴルトベルク変奏曲』のレコードを驚嘆している箇所があった。そうこうしているうちに、私はまた、彼が演奏で私たちの思いもよらないことをやってのけるに劣らないくらい奇行の持ち主であるといって、いろいろなエピソードもきかされた。しかし、そういうことは、このレコードのいたるところに入っている彼の唸り声ぐらいの重要性とおもしろさしかない。

3

私は、以上、外側のことばかりのべて、グールドの演奏そのものについて、私のきいたことをかいてこなかった。では私は彼の演奏から何をきくか。どこに打たれ、何を考えるのか。

私はある年、ヴィーンのピアニストを訪ね、彼がシュペルハーケ（Sperrhake）のクラヴィコードでスカルラッティをひくのをきいた。そのあと、この楽器の演奏法を彼がいろいろと分析的に説明するのをきいているうちに、グールドがなぜバッハをピアノで、しかもあんなふうにひくかが、よりよく理解できるようになった。

私たちは日本にいるだけでも、このごろは演奏会やレコードでチェンバロの音とメカニズムに馴染みをもつようになってきているが、チェンバロでは、音のアーティキュレーション（ギターのように乾いた響きであるとか、ダイナミックの変化、ないしはオクターヴの重複であるとか、その他の音響作製上の変化と音楽のフレージングの結びあわせ）は、備えつけのレジスターで行い、単に運指の方法だけで管理することはできない。そのうえにチェンバロでは、バッハのポリフォニーの中で、ある声部が主題を担う声部の対声の場合とそうでなくて主声に変化する時との間の区別も、直接タッチの変化による――つまりその声部だけの独立した音色のコントロールによって差別して演奏することができない。近代的ピアノが主要武器であるあの滑らかなレガート奏法によりながら音価（音の長短）を自由に――楽譜に示されている通りに――管理できないのと同じように。

しかし、このことからして、バッハのように、機能和声の考えがすでに参与していながら、しかもポリフォニックな思考法の根が深められて残っているために、ある場合はかなりポリフォニックにかかれ、いくつもの声部がいわば和声的・非独立的に扱われ、ある場合には、より対位法的にそれぞれの声部の独立性が比較的強い様式でかかれといったふうに、ポリフォニーとホモフォニーの微妙に、多様に混合した様式でかかれている音楽を演奏する場合には——もしその演奏家が、充分に知的で、しかも敏感な音楽性に恵まれている時には——チェンバロよりむしろピアノで演奏したほうが、はるかに、この音楽の唯一無二の美しさを再現するに適しているということがわかってくる。つまり、ピアニストは、チェンバリストよりも、音を作りだす時に、もっと多くの性質の音の可能性の中から最も正しいと思うものを選びとって自分でその音を作る必要に迫られているだけに、それだけむずかしいと同時にそれだけすぐれた成果をあげる機会に恵まれていることになる。こういうことは、バッハが家庭ではむしろチェンバロより愛用したといわれるクラヴィコードに自分でさわってみて、いろいろ変化する音色とアーティキュレーションの中で自分で選択する可能性に迫られてみると、直感できることである。

グレン・グールドは、その見地に立って、あえてピアノでバッハをひく。彼の演奏のあの絶妙な音色のアラベスク、持続と変遷、変化と統一といった特質は、バッハをひくということと切り離したところで考案された工夫ではない。つまり、これは技術それ自体のための技術の追究とは、まったく性質のちがうものである。前述したあの園田、松浦その他の人びとが、グールドのピアニッシモの美しさに打たれたというのも、音響としての美しさであるよりは、音楽の表現的特性としての美しさを直覚したうえで、それに打たれた言葉であるはずである。だから、グールドの場合は、リスト、ブゾーニの場合とはまったく逆であって、彼は、ピアノが音量と音域の点でチェンバロにまさるから、この楽器をとったのではない。むしろ、チェンバロが本来果すべきなのに構造上の理由で果せない、その音質を手に入れるためにピアノを用いるのである。グールドのピアノは、よほど特異である。彼はそれを自分で「あまりギアーの切りかえのない自動車」にたとえている。「私の自動車では、私がドライヴするのであって、自動車が私を運んでゆくのではない」(バッハ『パルティータ』のレコードのジャケットに印刷されている《グールドとの対話》参照。ついでにかいておくと、グールドの各レコードにつけられた彼自身の解説は比類なくすぐれたもので、凡百の解説の水準をはるかに抜いている点で、彼の演奏と同様の性格をもっている)。だが、バッハの考えたのは、バッハが要求したのは、まさにそういう楽器であったのではないだろうか。私が、グールドの演奏が奇矯でありながら同時にこのうえなく正統的であるといった理由である。グールドは、いわばピアニストであるゆえに、アンティ・ピアニストなのだ。このレコードをきいても、はっきり私たちに聞こえてくる、いかにグールドが、ピアノを用いて、チェンバロ的にノン・レガートで、多くの声部を処理しているかが。これはグールドによるピアノの逆説的奏法といえよう。グールドという人は、チェンバロを徹底的に勉強した人に違いない。彼のノン・レガートはチェンバロの奏法をピアノに移して、まったく独自の美しさを作っている。もちろん彼のレガートもすばらしい。ことに左手ではやい走句をひくとき、そのめざましさに驚かないものは、どこかの国の——いや、あとは読者の想像にお任せしよう。

だが、もう一つ根本に遡ってゆくと、グールドはピアノをひいているだけではなく、バッハの《音楽》をひいているのである。その《音楽》は、単に彼の演奏がどこかでピアニスティックであり、どこでそれとパラドクサルにつながっているかというだけの次元を超えた問題に導く。

ピアノは、周知のように十九世紀の中葉すぎから現代にかけて完成した。つまり西洋音楽の楽器の中で比較的おそく完成した楽器である。ということは、いわゆる近代音楽という和声感を中心に発達した音楽様式にとって中心的課題を解決してきた楽器である。ところで、和声感による音楽というのは、ヴァイオリン属その他のような旋律感による音楽とはちがって、倍音の原理により和音を機能的に把握する知性の参加を求める音楽であり、音響を分析的にとらえる感性の裏づけがあってはじめて展開しうる。グールドの《バッハ》では、その分析的感性が根本にある。彼の演奏したバッハは、『ゴルトベルク変奏曲』にせよ『パルティータ』にせよ『平均律クラヴィーア曲集』にせよ、いかに彼が《音響》を、単に感覚の遊びや感情の吐露とはちがったものとしてうけとっているかが、はっきりでている。彼の演奏をきいて、私たちは、音質の微細な変化、生き生きしたリズムの伸び、旋律の陰影にとんだ微細な歌わせ方その他に、心から感嘆しないでいられないのであるが(例は無数にあり、いたるところにある。『ゴルトベルク変奏曲』における主題の歌わせ方から、ごく気楽に思い出すままに拾ってみても、透明な軽快さで最上のヘンデルを思わせる第一八変奏、ショパネスクな第二五変奏およびそれとまるで対照的な歌をうたう第一三変奏との対比、第一二および第一五変奏のそれぞれ4度および5度のカノンを作る右手の二声部の見事なひきわけ等々等々)、そういう見事さは仔細にきくと、すべてが、いわば一音一音の和声音、非和音を問わず各音の音楽的機能の本当に無理のない——ということは、アクセントのおき方から音色の選び方にいたるまで、音楽的秩序に則した処理から生れているからであって、外から加えられた意味づけによるのではまったくないことがわかる。

ここでは、ちょうどバッハにおけるように、直観が論理となっているばかりでなく、秩序が直観を導いている。

もう一つ、グールドのバッハの演奏では、そのテンポが非常な特徴となる。グールドは、このレコードについた対話の中で、それにふれているが、要するに彼によれば、「バッハのテンポについては、私は伝統というものがあることを知らない」のであり、「特に『平均律クラヴィーア曲集』のあるものは、いろいろなテンポで演奏できる」

というのが、彼の考えである。『平均律クラヴィーア曲集』の場合には、またそれぞれのフーガのテンポはプレリュードとの相関関係で考えられるわけだが、たとえば『ゴルトベルク変奏曲』のように、あの曲の三〇の変奏が、そもそも、大きくいって、第一五変奏までの第一部と、第一六変奏以下の第二部にわかれ、さらにその各部の中で、三曲ずつが組になり、各組の中に、一つのカノンと二段鍵盤の変奏とがいつも加わっているというふうに構成されている場合には、当然、それぞれの変奏は、それが属している組全体の中での均衡によってテンポが考えられることになる。この『パルティータ』では、各楽章間の関係はまた一段とこみ入ったものになるが、とにかく、そういうことを考慮に入れてきいてみると、グールドが、ある組に与えた性格づけと、それに隣接するものとの対比のおもしろさは、いわば立体的なパースペクティヴな構造性をもって、私たちを喜ばせる。

4

私は、自分でもまったく想像もつかなかったほど、長々とグレン・グールドについてかいてきた。私には、自分のかいたことが、読者が彼のバッハを楽しみ、理解するうえに、果して何かの役にたつかどうか、見当がつかない。私はただ、はじめて彼のレコードをきいた時、バッハの作品のうえに長い間たまってきた塵芥の類を一挙に払いのけて、この作品がはじめて生れた時のような、率直で新鮮で、しかもつきることのない生命——と芸術！——にみちている生きもののようにきこえてきたし、その時感じた驚きと喜びは、不思議なことに、いつ、また、このレコードをとりだしてきいてみても、同じ新鮮さでくり返されるとだけいっておけばよかったのかもしれない。

彼のレコードをきいている時、私は、ある時は必死になって、その音をおいかけ、できる限りの力でもって、《この》音楽について、また《音楽》について、考えようとする。私は、そのために音におぼれず、音に酔わず、自分をできる限り透徹した意識で目ざめた状態においたまま、考えようとする。ところが、そういう努力をしているその時間こそ、音楽が終ってふりかえってみると、私は一番深く音に酔い、音に没頭し、音楽に憑かれていたのである。グレン・グールドの演奏は、そういう性質をもっている。彼は私たちをたえず目覚ましつづけることによって、私たちを音楽で酔わす。それを、しかも、彼は、バッハだけでするのでなくて、驚くべきことには、ブラームスの小品でもやる力をもっている。彼の入れたブラームスの『間奏曲』のレコードをきいて、私は、それを知った。ここでの彼は、手垢のつかないロマン主義の小妖精のようだ。

だが、こういう力をもった稀有の音楽家を、現代の世界にも数人はいるはずのほかの天才的ピアニストと区別して呼ぶ名があるとすれば、それを考えだすのは、このレコードをきいてそれを感じとる力のある愛好者の一人一人がやる仕事でなければならない。

追記

（1）ホロヴィッツは今年（一九六五年）ニューヨークで久しぶりに公開演奏会をひらいたという。「近ごろの若いピアニストに、ピアノの厳しさを示すために」と彼はいったそうだが。

（2）グールドの《ベートーヴェン》は私にはまだ謎の部分がある。最近日本でも発売された作品一〇の三曲の演奏は、まずそのテンポの異常な力で、私を驚かす。彼のプレストは本当に「息をつめた」速さである。これほどの速さは、同じ曲の名演をレコードに刻みつけているホロヴィッツでもリヒテルでも敢行しなかったものである。だがこれらのプレストやアレグロ・モルトはベートーヴェンの指定したものだ。そうして音楽では、テンポの正否は、演奏の適否の基本にかかわる。私は、いつか必ずグールドの《ベートーヴェン》についてかくだろう。それまでは、彼のベートーヴェンでは、ピアノ協奏曲の第一、第二番をぜひきく必要があるとだけいっておく。

グールドの『ゴルトベルク変奏曲』によせて

レコードという動詞をオックスフォードの辞典で調べてみると、まず *register, set down for remembrance or reference* つまり「記載する」「心覚えとか参考のために書きとめておく」という意味だと説明してある。ある意味では人間のすることはもちろん自然の現象もすべて書き記しておくに値するだろう。しかし、辞典には、このあとにまた *represent in permanent form* という説明がついている。これは「恒久的な形で表示しておく」といった意味だろうが、そうなると、このレコードという言葉は、何でも良いのではなくて、恒久的に保存するに値するものを何らかの形で記録としてとどめておくという意味を含み、記録されるべき対象の価値の問題がからんでくる。多くのものの中から保存するに耐えるだけの価値のあるものを選んで、それを恒久的な形でとっておく。つまり顕彰するという行為が、レコードするということなのである。スポーツなどで、世界記録とか何とか記録とかいうときの、レコードという呼び方は、さらにまた、速さとか長さとかそのほかの点で、これまでどんな人間もやれなかったことをやりとげた、その行為があって、それを記録にとどめるという意味で使われる。これはいうまでもないことである。

ところで、音楽やその他を記録するレコードというもの、これは今までに何万種あるいは何十万種作られてきたか知らないが、その莫大な量に上る「音の記録」の中で、今言った価値観念を含んだ、本当に「恒久的に保存し顕彰する」という意味に適い、また「これまで誰もがやれなかったことを果たした行蹟を記録する」ということになると、その名に値するものは、どのくらいあるのだろうか？

私は、グレン・グールドの演奏したバッハの《ゴルトベルク変奏曲》のレコードは（一九五五年の録音。CDは［ソニー・クラシカル　SRCR二六二〇］）、まさにその名にふさわしい非常に価値の高い、ごく少数の範疇に属するものと考えている。そこに収められた楽曲のずばぬけた質の高さからいっても、ここに鳴っている「音楽」、つまり演奏の稀代の美しさからいっても。これは、これまでの演奏家の誰もやらなかったことを達成したものだし、その後も、私は寡聞にして、この曲のこれ以上のレコードを知らない。かつて、このレコードを初めて聴いたとき、私はひどく感激してしまった。そのあげく、知人たちにも喜びをわけあってもらいたくなり、やたら買い込んで送りつけたものである。

グレン・グールドが一九三二年九月二五日にカナダのトロントに生まれ、三歳のときから母親についてピアノを習ったあと、トロントの王立音楽学校でピアノ、オルガン、作曲を学んで、一二歳という破天荒の年齢で卒業したこと。一九四七年ベートーヴェンの《ピアノ協奏曲第四番》の独奏者としてデビュー、以来アメリカ大陸はもちろん、ソ連を含めたヨーロッパ、イスラエルのような近東地方にかけて演奏旅行をして、各地で圧倒的な成功を収めたこと。しかし、近年は演奏会での活動を一切やめてレコードの録音に専心していること。そういうことは、もう日本でも、音楽好きなら皆知っていることである。

私が初めて彼の名を聞いたのは、一九五八年の秋のことで、ベルリンに行ったら、その一日か二日前に彼がベルリン・フィルハーモニーと協奏してバッハの協奏曲を弾いたのが大変な評判になっていたときである。批評家はもちろん、音楽家たちも、口を揃え、口を極めて彼を賞めていた。そのあと、彼がハンブルクで独奏会を開くというので、私はわざわざハンブルクに飛んでいったのだが、病気とか何とかいう理由で会はキャンセルされてしまった。爾来、私はついに今日にいたるまで、彼の実演に接する機会をもたずにきている。

日本に帰ってきて、私は、まもなく彼のレコードを探した。そうして、手に入ったレコードを聴いた。日本では彼のレコードが二種出ていた。一つはバッハの《ゴルトベルク変奏曲》、もう一つはベートーヴェンの後期のソナタ、作品一〇九、一一〇、一一一（第三〇、三一、三二番）の三曲を収めたものである。しかもそれが二枚ともたいした評判にならないどころか、むしろ批評は悪かったという話なのだ！

私は驚き、怪しみ、呆れ、そうしてひどく腹を立てた。そのあとしばらくして、かつてそれらのレコードを出していた日本コロムビアから依頼を受けたので、私は喜び勇んで、「グールド讃」という一文を書いた。レコードのジャケットにものを書いた私の最初の仕事であり、それが縁となって、私はしだいにあれこれレコードについて書く羽目になってしまった。ジャケットに書くことは今でも好きではない。にもかかわらず、今こうしてもう一度グールドについて書く。思えば、懐かしいような、恨めしいようなものである。

といっても、このレコードを聴くときは、そのたびに正直いって、「懐かしい」というような距離感とゆとりは、消えてしまう。私は冷静に注意深く聴いているのだが、そうすればするほど、感銘は心の深いところまで浸透し、喜びとなって充ち溢れてくる。

《ゴルトベルク変奏曲》は本来はピアノで演奏すべき曲ではない。私は技術とメカニックのことを言っているのではない。もちろん二段鍵盤の楽器のために書かれたこの曲をピアノで弾くには相当の困難があるけれども、不可能ではない。それに問題は、それだけでなくて、曲の途方もない長さと変奏の一つ一つの性格が、それぞれ独立しており、しかも機械的なくらい整然とした秩序で組み合わされているこの曲の様式と精神が、これを同じように極度の集中をもって聴くことをむずかしくする。だから一般にこの曲が演奏会のプログラムにのるのは、きわめてまれである。だが、この曲を、ピアノ音楽が極度に発達した二十世紀になってから、はっきり指摘し、ついに定説化したのは、現代のチェンバロ復活の主導者、ワンダ・ランドフスカであった。彼女は本来チェンバロのために書かれた古曲一般についてそう言ったのだが、そのころピアノで弾かれなくなっていたオルガン曲は別として、バッハのクラヴィーア音楽、つまり鍵盤楽器用音楽について、これらは、ピアノで弾くべきでないといい、事実それがチェンバロで弾かれたときは、どんなに違うかを実証した。以来、ピアニストであることに誇りをもつ音楽家はバッハをピアノで弾くのを避けるのが普通になった。リストやブゾーニのピアノ用に編曲したのは別として。それに教養のあるピアニストの大部分は、十九世紀のピアノ語法と趣味にあわせて変形したバッハを弾く気になれないのが通常でもあったから、結局バッハは公開の演奏会のプログラムに上ることが極度に少なくなった。《インヴェンション》とか《平均律クラヴィーア曲集》その他がピアノの勉強用として不可欠であったにしても。これらの曲を公開の演奏会で弾く人は、特別の機会を別とすれば、今も昔も、いない。

ことにランドフスカが、第二次大戦に際しそれまで住みなれたフランスを離れ、アメリカに渡ってからは、合衆国では若い世代のピアニストにとってバッハをピアノで弾くのはタブーであり、時代おくれの愚劣な行為に近く見られるようになった。

私はランドフスカの晩年に当たる一九五四年にバッハを弾くのを聴いたことがあるが、それだけでなく、彼女にはこの《ゴルトベルク変奏曲》のレコードが残されている（一九三三年の録音で、CDは［EMI　TOCE九四〇三］㊫）。これは今も日本でも買えるはずである。その演奏を聴いてみると、冒頭の主題から重々しく、物々しい演奏にびっくりしないわけにいかない。これはもう主題と変奏という音楽ではなくて、十八世紀前半の王侯貴族があのひだと飾りをたくさんつけた、重そうな衣裳を着て、サラバンドを踊るのを見る想いがする（この曲の主題がサラバンドであるのはいうまでもないが、それをバッハは彼の愛する妻アンナ・マグダレーナのための練習曲集の中に書き込んだのである）。というのも、全体の表情が意識的に時代がかったバロック様式にあわせて弾かれているだけでなく、気位の高い淑女で学者演奏家であったランドフスカは、まるでかつて自分が反抗した、誇張された華麗でロマンティックな、バッハの演奏様式に負けまいとしているかのように、レジスターを使って低音もオクターヴを重ねて弾いているのである。リストやブゾーニたちは、ピアノに編曲したとき、よくオクターヴを重ねて、当時まったくすたれていたチェンバロに近づくのとは逆に、オルガンを連想さす重厚と豪壮を出したがっていたわけだが、ランドフスカ自身のテンペラメントも実は十九世紀の音楽性に根ざしたものであり、彼女の精神の根底には、膨張と発展と複雑への好みが、脈々と流れているのである。そこには王者の気品はあるが、少々物々しすぎる。それに残念ながら、彼女には今日の名人たちが達した技術の完璧が欠けているので、とかく技術が演奏の足をひっぱる。

私はランドフスカを非難したり攻撃したりする気は毛頭ない。これは十九世紀から二十世紀にかけて名人の輩出した時代の様式を、チェンバロで実現した貴重にして典型的な例として珍重に値する。

しかしここから「バッハはこう弾かれなければならない」ということを、出してきてはいけない。その点では現代のチェンバロとオルガンの巨匠ヘルムート・ヴァルヒャのほうが、現代のバッハ研究の学問的成果を踏まえたうえで、高い安定した演奏を示している。それにヴァルヒャは厳正であり、一点の甘ったるさも許さない。

グールドのバッハが、ランドフスカより、ヴァルヒャの演奏により近いのはいうまでもない。しかし両者の間の差異も、また無視できないほど、大きく著しい。それはこの二人の音楽家の音楽の差であると同時に、チェンバロとピアノの差でもある。チェンバロとピアノの決定的な違いは、チェンバロではレガートができないこと。それからピアノではタッチによって音色に多彩な変化が得られることにある。グールドの言葉をかりれば「さまざまのレジスターを持つが音の出し方自体には変化のないチェンバロは即興演奏により適している。ところがピアノとなると、やれることが多すぎてかえって当惑せざるをえない」。たしかにチェンバロのほうがバッハを弾くにはやさしいことは確かだが、ピアノのアクションを少し浅くしてより鋭敏にすると、いわば自動操縦装置《パワー・ステアリング》のない自動車のようなものになり、機械装置でなく、演奏家自身がコントロールしなければならなくなる。「車があなたを操縦するのではなくて、あなたが車を運転しなければならなくなる。バッハを弾く秘訣はそこにある。バッハでは反応の即時性と事物の微妙な決定をコントロールする能力が絶対に必要なのだ。」

グールドがバッハを弾くのを聴いていると、この「反応と即時性といろいろなタッチの微妙な決定の調節」がものすごく鋭敏に、しかも、際立って高度の知能的《インテレクチユアリテイ》な態度と技術の水準と緻密な音楽性《フイーリング》とがからみあいながら、演奏の進展するさまがよくわかる。それに一面では極度にスリリングな魅力の源泉になっているが、一面では聴後の全体の印象を統制のとれたものにする原因ともなる。

一言でいえば、グールドはランドフスカ以後、バッハをピアノで弾くのを再び可能にしたのである。しかし彼の弾くのは、かつてのリスト、ブゾーニ流のバッハではないのだから、むしろバッハの実像をピアノで描くことを新しく可能にしたというほうが正確だろう。彼の演奏の速い走句たちの水際立った見事さ、よく歌う旋律（それはことにカノンの多声書法の一つ一つの声部をよく区分した性格的な歩みにもまた驚くほど出ている）、胸のすくような精緻なリズムと、フレーズの区切り方、テンポの良さ。そういった全体がまるで苔の庭のような一分の隙もない緻密で濃密な音の敷物を作りあげるのだが、しかもその表面の艶々した端々《みずみず》しさと、その下を絶えず生きて流れている抒情の味わいの気韻の高さ。

これが一九五五年、当時二二歳あまりの青年による、デビュー録音であったというのは驚異というほかかない。アメリカの批評界が、「新しいピアノのセンセーション」とか「稀代の天分のピアニスト」「どんな時代にも類をみない才能」といった称賛の言葉を惜しまなかったのも当然である。

グールドは、その後もさかんにレコードを録音している。それを追って、彼の変化と持続の軌跡を追求することは、今日にいたるまで私のレコードを聴く楽しみの中核にある。特に目立つのは彼のまったく思いもかけぬところからポエジーをつかみ出してくる傾向であり、それは近年ますます増えている彼のベートーヴェンのレコードに端的に表れている。ことにあの奇想天外の遅めのテンポには――かつての後期のソナタのレコードではあんなに速かったのに！――この天才にとり憑いた魔霊《デーモン》が〝誇張のデーモン〟と背中合わせに生存しているのかと思わせるものがある。しかしこの記念すべき処女録音では、知性とデモーニッシュな魔力とは――いかにもバッハの音楽にふさわしく――黄金の均衡を保っている。

グールド――外界が完全に消滅した人間の〝のびやか〟な演奏

I

グールドのレコードがアメリカで何枚か一度にまとまって出たという話をきいた。アメリカCBSとレコード録音の契約ができて何周年記念だとか何とかを機会に、こうなったのだといったふうの話だった。もしかしたら彼の楽壇デビュー何周年というのだったかも知れない。

で、さっそく、きいた。

なるほど、と思った。こういう機会を作りでもしなければ、ちょっと出しにくかったのではないかという感じの一癖も二癖もあるレコードがずらり、四枚ならんでいた。まず――といって何からきいてもよかったのだが、書く手としての手順から、モーツァルトのソナタ集第四巻からいこう。

前に第三巻が出たとき、そのあたりの番号のソナタが揃っているのに、K三三一の例の《トルコ風行進曲》のフィナーレをもったソナタがぬけていて、こういうことには特別よく気のつく、頭のまわりの早い日本の批評家たちが、何か曰くがあるのだろうと、その理由を詮索した文章を読んだ覚えがある。

それが、出てみると、とてつもない代物である。私の推測では、グールドは、前に出たソナタと同じころひいたのだが、レコード会社のほうで、市場に出す決心がつきかねたというほうがありうることのように思われる。

主題と変奏でできている第一楽章の最初のフレーズをきいただけで、あっ気にとられたのは、私ばかりではないだろう。おそい、おそい、ヤケにおそい上に、例のグールドの十八番のスタッカート気味のノン・レガート奏法。こんなひき方は、かつて、誰もしたことがないといってよいだろう。そのあとの変奏を一つ二つときいているうち、しかし、テンポがだんだんあがってゆくのに気がつく。「そうか、アンダンテの主題から出発して変奏の最初のアレグロに向かって、クレッシェンドしてゆくテンポというわけか、しかし、そうすると、アレグロの前のアダージョはどうひくのだろう?」と、これは誰しも考えるところだろう。ところが、そのアダージョさえ、速くひくのである。まるで、速とり写真の映画みたいに、音階でも何でもちょこまか小走りに走ってゆく。

「ひどいものである。こんなものをマーケットに出したら、どんな非難をうけるかわかったものではない」と、まわり中の人々が躊躇した、その様子が目に見えるようである。

グールドのほうは、ご機嫌で、鼻歌まじりの声も、いつもよりもっとたくさん、そうして、はっきりきこえてくる。ひきながら、また、彼が批評家をはじめ、この曲になじんだきき手たち——そうして、およそ「クラシック」音楽をきく人たちで、この曲になじんでない人がいるだろうか？——の神経を逆なでするようなことばかりして、喜んでいる様子が、これまた、手にとるように、わかる。

この調子はそのあとも変わらない、スタッカートとレガートを、わざわざ、逆にしてみたり、装飾音符のひき方をかえてみたり、あるいは、和音をアルペッジョに崩してみたり「これで、いよいよ、カナダ生まれの唯一の（？）——天才的音楽家も正真正銘の気狂いになっちゃったな！」と私は思わずひとりごとをいうと、「そんなことははじめっからわかってた。いまごろ、気がつくほうがおかしいのだ！」という声がどこかからかえってきた。

そうかな？

グールドについては、私はいつか彼のＴＶのフィルムでベートーヴェンの変奏曲をひくのをみたとき、「彼のように一方でなみはずれて尖鋭な知性をもつ人間には、他方で知能的に発育不全の infantile な面が残っていたりするもので、この稀有のピアニストなど、その典型的なものだ。それにこういう人は、情緒的にも、不安定なものだから、何でもないところでも、自分から買って出て、いろいろと奇嬌なふるまいをするものだ」などと、心理学者でもないくせに、書いたり、しゃべったりしたものだ。この演奏をきいていると、いよいよ、それが正面きって出てきたという感じである。

しかし、それにもかかわらず、いや、多分こういう具合だからだろう、このソナタのフィナーレの演奏のまったく破天荒なおもしろさをどういったらよいだろうか？

今まで、誰が、アラ・トゥルカの音楽を、モーツァルトの指定した通りのアレグレットでひいたろうか？　例によって、ノン・レガートだし、ところによっては、妙なところでレガートになったりする。しかし、全体の基調をきめるテンポが、ゆるやかなだけでなく、肩のこるような緊張から完全に解放された、のびやかさでひかれているので、私は、あのプリミティヴ派の巨匠（何たる形容の矛盾だろう！）アンリ・ルソーを連想しないではいられなかった。こういう音楽は、まわりにどんな人間たちがいようと、何にとりまかれていようと、そういったすべてを完全に忘れてしまって、自分のしていることだけに没頭できる人間にしかやれない。従来のしきたりに反対し周囲を無視し、——というのではまったくなくて、そもそも自分のそとの外界が完全に消滅してしまった人間にだけ可能な「のびやかさ」屈託のなさの結果なのである。所詮、白痴美さという人もいるかも知れない。そう、白痴がこれだけひいた例があるならば。

機関銃か自動小銃か何かみたいに、コッコッ刻まれるのが例の、このトルコ行進曲の四分の二のリズムが、ここでは、完全に歌になって、流れている。不思議な音楽である。

同じレコードに、K五四五のハ長調のソナタ——あるいはソナチネというほうが通りがよいかも知れない——も入っている。これがまたおもしろいのである。第一楽章はアレグロというより、アレグロ・モルト。かつてこの曲を習っていたころ、何しろ出だしがあんまり簡単で、しかも、気持よく流れるものだから、つい速くひいてみたくなったものである。しかし、間もなく、そのテンポではっきり、きれいにひけなくなる。この子供だったころ、やりたかった通りのことを、グールドはきれいにやっている。というより、この無茶苦茶に速いひき方をきいた途端に、私は子供のころの憧れ（?）を思い出したのだ。

おもしろいのは、第二楽章もそうで、これは簡単な上に、反復がやたらと多くて、ついめんどうくさくなって、かけ出したくなったものである。むずかしくないので、それは子供の私にもできた。グールドは、ここでも、やたら速い。しかし、この速さは、私にとって及びもつかないものではない。第三楽章はいちばん普通。レコードには、ほかにK五三三の二つの楽章と四九四のロンドを合わせたヘ長調のソナタと、K三九七のニ短調のファンタジーが入っている（米CBS　M三二三四八）。

II

四枚出たグールドのレコードには、別にヴァーグナーものがある。ヴァーグナーの管弦楽曲を、彼、グレン・グールドがピアノに編曲してひいているのである。これは、前にリストの編曲したベートーヴェンの《第五交響曲》のレコードの続きだろう。柴田南雄にいわせると、グールドの真の狙いは、いずれR・シュトラウスのもの、たとえば《ツァラトゥストラ》とか何とかをピアノでひくことにあるので、ヴァーグナーはその道程にあるものだそうである。私には、わからない。

片面全体を占めている《ジークフリート牧歌》をきいていると、退屈してしまう。部分的にきれいなところもないわけではないが。もう片面は《名歌手》の前奏曲。これは力演であり、ヴァーグナーの対位法的なエクリチュールというものが、ほかの曲では管弦楽法の天才ぶりに覆われているけれど、実際はいかにひとつの発達の頂点にあるすごいものなのかを知る上で、ひとつの新しいアプローチになる。それに、こうやってきいていると、一時代、いや二時代前のブゾーニやタウジッヒたちの編曲したバッハのトッカータや何かのたぐいを、喜んできいていた時もあったのだから、ヴァーグナーをこうして何が悪いということになるのかも知れないな、とも思う。

だが、私は、そう思うだけで、あとは、やっぱり、バッハも編曲でなくきくほうが好きなように、ヴァーグナーも管弦楽のほうがおもしろいということになってしまう。もっとも、バッハ＝ブゾーニのシャコンヌも、かつてのミケランジェーリがやったような白熱的な完璧さできかされると悪くなかったのだから、もしかすると、私が、このグールド版にあんまり乗り気でないのは、実演を知らないからか、あるいは、グールドのピアノに欠点があるからなのかも知れない。

ただし、もう一度、柴田南雄をひきあいに出すのを許して頂くと、同じレコードに入っている《ジークフリートのライン の旅》の演奏は大変な名演、夜明けの情景があんなに迫真的にひかれることはないのだそうである。私は、この部分、まだきいていない。

このレコードでも、会社はやっぱり二の足をふんだのじゃないかと思う。あくまでも、私の推測にすぎないが（米CBS　M三三三五一）。

三枚目はバッハの《フランス組曲》。その第一巻とよばれ、第一から第四組曲までが入っている。《フランス組曲》を入れる以上、第五と、特に第六番から最初に出すのが普通ではないかという人もあるだろうが、この場合は私は、その意見にあまりとらわれない。なるほど、第六番ホ長調がいちばん有名だし、ポピュラーかも知れないがどうせ全六曲を入れるのなら、一番から順々に出してもよいではないか。演奏は、グールドのものとして、これがいちばんまともである。ことに第三番ハ短調が、とてもきれい。アルマンドの低音の歌わせ方の美しさ、サラバンドのテンポの微妙なルバートの表情のおもしろさ。ことに反復のあと、いたるところで細かいアグレマンをつけながら歌うとき、グールドがかつて、出発当時——と私のいうのは、あの大胆さと繊細さとをあわせもっていた比類のない《ゴールドベルク変奏曲》や《パルティータ》をいうのだが——持っていたポエジーが、ここに再び、見出されるのを知るのは、私たちには小さな喜びではない。私はすごく高く、厳しく、そうして強いカール・リヒターの行き方のバッハも好きだが、こういう柔らかな詩をもったバッハも、それに少しも劣らず、好きである。この両方の演奏が、どちらも少しも変にならなくて可能なバッハの音楽は、やはり大変なものである。終りのジーグでも、反復のあと、新しい装飾が入って、——それも、うるさくない程度に——いわば同じ材料だが新しく調味されたご馳走を提供する。第三番のロ短調も、比較的癖のない素直な演奏である。ここでもアルマンドのバスがきれいにひかれている。ことに第二部に入って終りから三小節の嬰へからトに入るあたりから、次第にクレッシェンドするところがきれい。

素敵といっても、第三曲のサラバンドで、また、旋律がグールド流のスタッカートでひかれるのは、やはり、ハッと思わせるものをもっている。

一体に、この曲では、ペダルが耳につく上に、音感として、きつくて重いものがあるのはどういうわけであろうか、メヌエットとジーグの間にはさまれたアングレーズなど、ことにそういう感じを与えるのであるが。

あと一曲は変ホ長調。周知のように、この《フランス組曲》は、全六曲のうち、はじめ三曲は全部短調、あと三曲は長調という配分になっている（米CBS M三二三四七）。

グールドの四枚目はヒンデミットのピアノ・ソナタ三曲。大変まじめな演奏である。グールドは、以前、ベルクのソナタをひいた時も、クシェネックを入れていた。また、今度の四枚の直前——少なくとも日本盤でいうと——にはグリークのソナタやビゼーの変奏曲といった、珍しい曲ばかりのレコードを出していた。こうやって、レコード、実演でもほとんどきかれない上に、レコードもほかにないようなものを入れてくれるのはありがたい。それに、グリークやビゼーと違い、ヒンデミットのは、きけばききがいのある曲である。知らない曲だからあまり大きいことはいえないが、こういう時は、グールドはあまりいつもの癖を出さず、神妙にひいている様子である。しかし、これにしても、レコード会社がそんなにとびついてくる選曲とはいえないだろう（米CBS M三二三五〇）。

モーツァルトを求めて

モーツァルト
『ピアノ・ソナタ』第一巻（第一―五番）
グレン・グールド独奏

あれこれの名人のひくモーツァルトを、さんざん、ききあさっていたら、ふと、こんな話を思い出した。

ある日、ある人が来て話してくれたのだが、小林秀雄さんの説によると「酒の値段ほど正直なものはないのであって、酒は、洋の東西を問わず、値段の高いものほど、必ずうまいのであって、まちがいはないのだ」そうである。ほかのものには、高くても下らぬものがあったり、安くても掘出しものがあったりするが、酒に限ってはそういうことはないというわけだろう。骨董など、特にそうなのかもしれないが、話は骨董に限るまい。そういう話は、私も、小林さんからじかにうかがったような気もする。

ただ、酒もそうだろうと想像するが、モーツァルトの演奏で、何がうまいか、その肝心要のところを一口でいってみろといわれても、いえるようないえないようなものだ。

「これはちっともモーツァルトらしくない」「モーツァルトの気品と雅致がない」こんな言葉以上に、知恵は出ないようでいて、実は、そんな空漠たるものにひっかかっていては、演奏はわからない。私流にいえば、演奏者に悪いみたいなものである。

この機会にいっておくが、私は、演奏を論じて、たとえ結局は悪口に終わってしまっても、音楽家に対して、まず、彼らが正しいのだという立場から、その演奏に近づかない場合は、まずないのである。

1

モーツァルトの演奏様式についても、時代の変遷とともに、何を理想とするかについて変化があった。遠い昔の話はさておき、また、特にピアノ曲でいえば、その変遷を考える一つの目安は、やはり、ギーゼキングの演奏である。それは、一口でいえば、十九世紀のロマンティシズムに毒されない音楽の天才としてのモーツァルト。《光明の世紀》の子としてのモーツァルトにふさわしい演奏様式ということになろう。それに加えるのにギーゼキングには、特有の détachement というべき精神的態度があった。音楽と自分の間に一つの線が画され、彼はけっして作品の中にのめりこまず、自分を投入しない。フレーズはあくまで明確であり、タッチはドイツ人のいう Kristallklar

――水晶のようにかっちりした輪郭と透明をもったものであり、ペダルは極度に使わず、テンポはほとんどいつも狂わない。ダイナミックにも曖昧な点は皆無だし、変化が加えられるとすれば、それはベートーヴェン的雄弁と熱情の表現としてのそれとしてではなく、ニュアンスの微妙なうつりゆきとしてのそれである。そこから限りない明澄と均衡の音楽が生まれる。それにまた、彼の演奏はよく注意してきくと、対象にして取り上げた作品の楽理的な究明に裏づけられていて、意外なところで、彼と彼以後の時代のヴィルトゥオーゾたちの演奏の基盤になっていることがわかる。先日も私は、まるでタイプのちがうピアノの天才、ヴラディミル・ホロヴィッツの演奏がこれを下敷きにしているのを発見してびっくりしたところである。(1)

日本人に親しみの深いリリー・クラウスの演奏もそうである。だが、クラウスとなると、ギーゼキングにくらべて、その傾向が、なお一段と徹底している。青は藍より出て、なお一段と青いというところである。クラウスの演奏したモーツァルトの『変ロ長調のソナタ』（K二八二）の第二楽章を例にとってみる（OS二〇五〇）［譜例1］。（ことわっておくが、この楽譜は、私はHenle Verlag出版の原典版（Urtext）からとった。これが絶対に正しいかどうかは別としても、ひろく流布している版、たとえばケーラー、ルートハルトの校訂したペータース版などは、まったく、参考にならない。ペータース版では、この第一小節の非常に重要な左手のfと右手のpとの対照が、驚

[譜例 1]

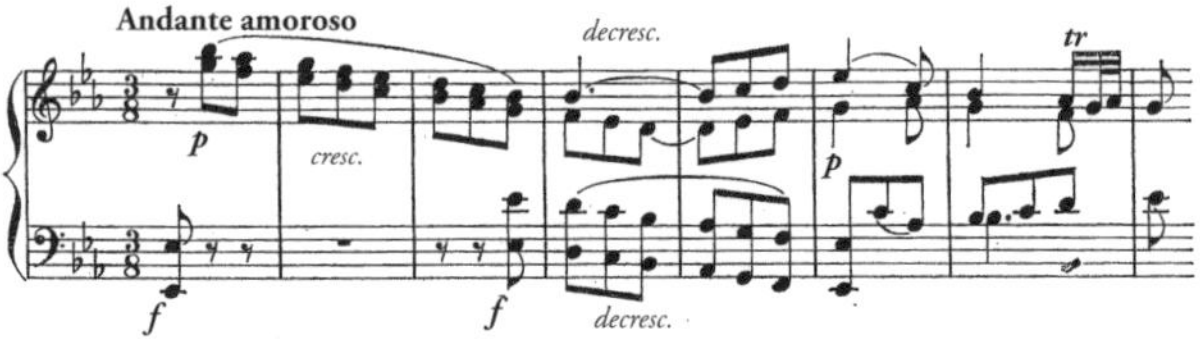

くべきことに、左手も*p*、右手も*p*と直されてしまっている。《十九世紀のモーツァルト》観のなんたるかを示す端的な例である。その他、こういう例は無数にあるが、特にこの楽譜では、ほかの例も含めて、《校訂》はグロテスクなまでにモーツァルトを曲げてしまっている。この*f*と*p*、それにつづくクレッシェンドの末の*f*、それからデクレッシェンドとそれが到達する*p*、こういう例は、モーツァルトのピアノ・ソナタにとって、実に最初の重要な第一歩であり、彼の大胆な革新の実例なのだが、それを十九世紀の人、ないしはその美学で育った人には「モーツァルトらしくない」と思え、直してしまったのである。）

ところで、クラウスは、この個所を、まったく「原典に忠実」に演奏する。その結果、いま私が特記したように、ここには実に鋭くて精緻なダイナミックをもったモーツァルトが出現する。これはまた、クラウスというピアニストの特性でもあるが、彼女のタッチはやや硬くて、音は明確だが、どちらかといえば音楽にもうるおいが欠ける傾向がある。ことに彼女のフォルテがそうである。だが、また、この人は、きわめて頭脳の働きが明晰で細かく、

［譜例2］

そのうえ妥協を許さない芸術家なのだろう（こういうことは、逆に、私は彼女の演奏から、さかのぼって推定していっているのだが）、モーツァルトが特に新しい試みをとっている第一主題のダイナミックを出発点として、楽章のほかの個所まで、これで一元的に考える。たとえば、第二主題につなぐ楽章は、モーツァルトの手によって、不均整なダイナミック記号がつけてある［譜例2］。それをクラウスは、第一小節のfを第三小節にも当然適用し、逆に第四小節のpを第二小節にも遡って使用する。そこから第一と第二、第三と第四という二組のfとpの対比が生まれてくる。こういう具合で、彼女が演奏する時、モーツァルトの音楽は、どこをとっても、明確な日当たりと日陰の区別が生じてくる。そこには、一点のごまかしも、曖昧もない。

　ところが、本家のギーゼキングは、かえって、そうではないのである（OL三一一七）。水晶のように明確なタッチとフレージングの輪郭、ダイナミック、《アポロ的モーツァルト》の本家であるべきギーゼキングには、実は、よくきかないと気がつかない、ニュアンスの交代、ほとんど潜伏といってもよいようなふくらみとうるおいがある。譜例1では、ギーゼキングも、この通りひいている。だが、クラウス氏に比べて、なんという違いだろう！　fとp、クレッシェンドの対比は、ここでは、たしかにその通りにあるのだが、はるかに際立たない、もっと隠秘なものとして演奏されている。譜例2にいたっては、第一小節のfから、だんだん音が弱まり、第三小節はいわば第一小節のpのエコーのように鳴り、第四小節（モーツァルトがpと特に書きこんだ）は、すでに第一小節より弱められた第二小節に対してこのpのエコーとして、解釈されているかのようだ。簡単にいえば、第一小節のfから第四小節のpに向かって、この第二主題につなぐ楽章全体が目だたぬように弱まってゆくのであって、モーツァルトの記入したfとpは、その大きなデクレッシェンドの出発点と到着点を指定しているかのように演奏される。そのうえに、彼の場合、fは概して硬く厳しい強音ではなくて、むしろ、音楽のアクセントであり、ある楽節、楽段の特性づけとしてのfであるような場合が少なくない。

こういうことは、いずれ、細かな技術的なことのように思われるかもしれないが、そうではない。こういうことから、同じような《アポロ的モーツァルト》あるいは《新即物主義的客観主義的モーツァルト》の演奏といわれているものにも、実は、基本的なアプローチの差があることが実証されるのである。

それは、ギーゼキングが作品に《参加《アンガージェ》》することを拒絶し、クラウスはその逆に、より新即物主義的で、より原典に忠実で、より鋭く強くモーツァルトの明晰さを追求しながら、その追求に自分を全部賭けていて、ぎりぎりのところまで、演奏の表現の正確さを実現しないではやまないところからきた差だといえよう。

　こういう時、酒ならば、どちらが高いことになるのか？　それをきめるのは容易ではない。ただ、市場価格からいえば、ギーゼキングは、クラウスより高く見られていたにちがいない。

2

　ギーゼキングには、より平明な落ちつきがある。そのくせ、これは大雑把というのとは、まるでちがう。もう一つだけ楽譜を引用させていただくが、この楽章の展開部に入ってから——といっても、それはモーツァルト流のごく短い、一二小節しかない展開部であり、それは二小節の楽節の三組と、つまり六小節、そのあとの別の楽想の四小節、それから二小節の終止形からできているのだが——間もなく、第二小節から第三小節への移りゆき［譜例3］。ここで、音楽は、急にそれまでのゆったりと安定した歩みをかえて、テンポも遅くなると同時に非常にひきしまった、そうして繊細の限りをつくした表情に変わる。

　これはモーツァルトの場合、けっして珍しいことではなく、この天才の音楽には、

［譜例3］

けっして声を高めたり身振りを大きくしたりはしないが、いや逆に、それまでよりもはるかに低められた声の中で、進行の急激な転回とか、形のうえで、直線から曲線へ、円から楕円にといってもよいような線の急転が起こる。そういう一瞬が突如来たり、そうして、またあっという間にすぎる。ギーゼキングの演奏をきくと、彼には、そういうことに応じて音楽を変えてゆく用意がいつも失われていないことが、よくわかる。当然es・g・bが来るかと思ったところに、a・es・gesの和音が、人の目にふれないようにそっと舞いおり、それからces・es・aに移り、そのあとでb・d・fと主調のドミナントに解決して、再現部に入る準備を整える。こういう動きは、クラウスでは、和音と音型は明確そのものだが、この束の間の和音上の事件の《意味》を、十分に聴き手に伝えるようには演奏されない。彼女にとっては、むしろ、ここは形の破れであり、エピソードにすぎないからかもしれない。

しかし、こういうことが、エピソードではないとうけとる時、そこに別の《モーツァルト像》が生まれてくる。

3

二十世紀はモーツァルトの中に、《デモーニッシュなもの》を見た世紀である。この考え方は、ゼーレン・キルケゴールに出発するのかもしれないし、すでにゲーテがそれを直観していたことは周知の通りだが、それをいわば音楽学上の通念に固着させたのはA・アインシュタインだろう。それ以後は、モーツァルトを愛するという人にとって、破綻のない優美で快活で明澄な、というだけの天才の像は、モーツァルトをつくしてないものと考えられるようになった。人びとは、ヴァルターの《愛の天才》としての《モーツァルト》をきいても、ギーゼキングのそれをきいても、それが素晴らしいものであることには異論がなくとも、それだけでは満足できなくなった、といってもいいだろう。

ギーゼキングのモーツァルトには、何かが欠けてきこえるのである。それは素気なく、味気ないのである。私は、それにまったく賛成ではない。ギーゼキングは、前から書いてきたように、よくきいているとけっして《平板なモーツァルト》をひいてはいない。だが、最後の例できくギーゼキングをとってみても、これは彼の場合でさえまだ《事件》でも《意味》でもなくて、《ニュアンス》の次元での出来事としておかれていることは否定できない。「すでにモーツァルトが、このあとで自分の手でまた黄金のバランスを回復している以上、どうしてピアニストが、そこに過重な意味を与えてよいだろう？」と、もし、きかれたら、こうギーゼキングは答えたかもしれない。

この問題、正直いって、私はピアノ独奏に関する限り、これまで、答えが出ないままにきた。ほかの分野、交響作品やオペラ、宗教音楽では、いろいろなことが起こり、さまざまの演奏家がいる。協奏曲でさえそうだ。だが、ピアノ・ソロでこの問題の解決——とまでゆかなくとも、何かの意味で前進を可能にする啓示を与える演奏はないものか？

それを、私は、やっと最近きいた。いや、まだ手がかりである。それが、表題にあげたグールドのひいたモーツァルトのソナタである。これはまだ、いわば早期のソナタばかり五曲であり、私には、このあとの演奏が待ち遠しい。だが、すでに、この五曲の演奏の中にも、多くの示唆があり、それに思い出してみると、さらに前進したものも別に、少なくとも、一つはあるのである。私のきいたもの、私の待ち遠しい推測と期待、それからたった一つの手がかり、それをつないでみると、私が《モーツァルトのピアノ演奏》を論ずるのは、もう一息待ったほうがよいのかもしれない。しかし、私は、今は、待ちながら書くというやり方を試みてみたい。

グールドのこのレコードでは、今まで論じてきた第三番のソナタからきいてみてもよいかもしれない。

モーツァルトは、なぜ、こんなに私たちを惹きつけるのか？　私は、どうせ、読者のあげられるであろう理由のすべてに賛成するだろう。そのうえで一つ、《形》があるからだとつけ加えさせていただこうと思う。もし彼に、二十世紀のモーツァルト観の急所である《デモーニッシュなもの》が認められるとすれば、それは、《形の遍在》があってのことであり、それだから、普通ロマン派にみるのとはまるでちがう《危機》と《調和》の共存を認知する能力が、私たちの中で目覚めるのである。

第三番のソナタ（K二八一）は、普通、このころのモーツァルトの曲中、最も純粋にロココ的な香りの高い様式の作品と呼ばれているものである。ほかの誰よりもロココ的で、しかも、危機的な演奏。それに、私たちは、このレコードで接することができる。それにほかの曲でも、自発性と幻想的な破格と規律の高さのスリリングな対決がきかれる。

それから、私のいった、もう一つの手がかり、それはハ長調の『幻想曲とフーガ』（K三九四）のグールドの演奏である（OL二一四）。これは、普通モーツァルトが、ヘンデル、バッハらの後期バロックに触れてショックをうけ、新しくポリフォニックな様式を身につけるべく決意して再出発した時期の試作の一つに数えられているものである。当世風にいえばモーツァルトの《新古典主義的様式》の作品である（もちろん内容的には、まったく、当たらない）。

この演奏の様式は作品にふさわしく、厳《いかめ》しく重厚であり、比類の少ない《精神的品位》さえ感じさすが、しかし、幻想と自由は、それに反比例して、さらに高く飛翔し、また深処に潜りながら自分を解放している。

私は、今回は、従来のあらゆる例とは逆に、これ以上書かない。前にひいた三つの譜例に要約された問題を一つのよりどころとしながら、グールドのひく早期ソナタの例をきき、そのあとで楽譜から離れて『幻想曲とフーガ』をきくようおすすめする（付記、ここにとった国内盤レコードの番号はすべて古い番号で現在はちがっているだろう）。

（1）『ステレオ芸術』五月号に、私は《モーツァルトへの旅》と題して、エッシェンバッハ、ルービンスタイン、ギーゼキング、ホロヴィッツらのモーツァルトのピアノ・ソナタの演奏について小文を書いた。そこでは、ホロヴィッツとギーゼキングの比較にもふれてある。本稿は、いわば、その旅路のもう一つの宿駅ともいうべき試論である。

ベートーヴェン

1

これは前々から断ってきたことだが、私はグールドを実演できいたわけではない。はじめは、噂できき、そうして、そのあとはレコードできいてきた。これは、私には——当然どんな人にとってもそうだが——大きなハンディキャップである。レコードでは、まず、彼のピアノの音の質の微妙なことは大変わかりにくい。それに、音の量もわからない。彼のベートーヴェンの『第三ピアノ協奏曲』などをきくと、大変りっぱな堂々たる音でひかれているが、そこに録音上のどういう仕掛けがどう働いているかは、私にはわからない。

そのうえ、私にとってもっと大きな問題は、彼のステージ上の演奏の全体が、どんな印象を与えるかということである。こういうことは、一見すれば、かなり容易にわかるのだが、レコードをきいて、そこから想像するのは非常に困難である。たとえば、ホロヴィッツにしても、一九五六年以来の彼の《実演復帰後》のレコードをきくと、そこに、演奏自体の問題のほかに、この稀代の芸術家が、神経質というのを通りこして、こちこちに緊張してステージに出てくるさまがまったく感得されないではない。そうして、おそらく、彼の中では、できることなら、ピアノにさわる前に、もう一度楽屋に戻り、そのまま、家に逃げて帰って、頭を蒲団につっこんだなり、外界の一切から遮断されたいという気持ちがひどく高ぶっていたのではあるまいか。おそらく、ステージでピアノに向かってゆく彼にとって、その一歩一歩が地獄か何かに向かう歩みのように、耐えがたく重いものだったろうと思われるのだ。それは、彼のひいたバッハの曲の最初の大きなミスタッチに出ている。つまり、演奏に直接つながる問題となって出てきている。そうして、これはその問題の最も単純で皮相的な局面でしかなく、ホロヴィッツのあのレコードをきいていると、演奏をする喜び、音楽が人に何か暖かい、生命の香りと熱を与えるという働きが、ほとんどまったく失われようとする、その一歩手前にあることを――この演奏会とそのレコードに関する称賛の言葉をたとえ、何十と読まされようと――私は、感じないではいられないのである。プログラムが進むにつれて、それが、やや和らぎ、なごんできている箇所も、ないではないけれども（一九六六年の二回の演奏会から選びとってできたレコードでいえば、ハイドンを過ぎ、シューマンにいたって、やっと幾分のくつろぎが感じられてくる）。とにかく、ここには、まるで奇蹟に近いものを期待している公衆にとりまかれて、自分自身に対する誇りと、それから不信とに苛まれた一人の孤独な男の《劇》があり、それが音楽に、血の気のまったく失せた氷のように冷たく、硬直した、ほとんど死臭とでもいった匂いさえ放っている何ものかを与える結果になっている[1]。

グールドには彼が友人と交わした対話を記録したレコードがあるが、あの中で彼が筋の通ったような通らないような、思いつく限りの雄弁と詭弁のすべてを動員して、実演をあんなに拒絶し、おとしめているのをきいていると、彼の中のどこかで、公衆と直接接触するステージの上での音楽の営みが、悪夢のように苦しめた、何かの経験でもあったのだろうか？　いや、あったに違いなかろう！と思わずにいられなくなる。私には、どうも彼のこの議論は、そのままでは受けとれないのである。

そうした心的経験と素質は、当然、彼の演奏の中で、何かの形をとっているに相違ない。彼の演奏をきいたことのある人びとの話によると、彼のステージ・マナーたるや恐るべきもので、ピアノに向かってやたらと頭を低くしてひいたり、両脚をくんでみたり、勝手気ままな姿勢をとる――（イスラエルのテルアビブ（？）で、協奏曲をきいた諸井三郎氏の談）――という話だが、こういうことも、逆に、普通では耐えがたい、何かの心的拘束を痛烈に感じる人間であればこその、それとの闘い、あるいはそれからの逃避の表れとみるべきかもしれないのではないか。

グールドは、循環器系統の持病があるということは、本で読んだ。もし狭心症か何かの心臓の病気であるとすれば、身体のどこかが石のように重く感じ、動かすのに非常な努力を必要とする時間があるのかもしれない。演奏時以外の日常生活での彼の奇矯な振舞いも、また、これと関係があるのかもしれない。むやみと厚着をし、手袋を常に離さないとか、その他の……。そういうすべてがよってステージでの演奏より、録音スタジオでの演奏のほうに、彼の天才がより完全に発揮されることを許す条件を作っているのだろうか。

だが、私は医学の知識も精神分析のそれも、皆無な人間であるし、私にとって、興味のあるのは、そういう精神ないしは肉体の病理学のサンプルとしてのグールドの演奏ではなくて、その演奏の音楽的価値と意義なのである。ただ、この両者が、どこまで完全にきりはなせるものか、それを判断するのは、むずかしい。

しかし逆に、彼がまだ《普通の状態》であった当時、たとえば、ソ連に演奏旅行した時の記録により、その時、彼のバッハをきいて、ソ連きっての名教師の一人、ノイガウスが、「グールドは、私は断言するけれども、単なるピアニストではなくて、一つのフェノメノンである」といったという話を読むと、この名教授が、グールドの人間全体としての像をどうとらえたか、そのさいに、彼の演奏と心的な条件とのからみ合いについてまったく何も予感しないままにいたかどうか？　そこには、謎めいた何かが、残るのである。さらにはまた、一九五八年、私がベルリンではじめて、彼のバッハの演奏についての評判をきいたり批評を読んだりした折も、「グールドはバッハ演奏の伝統を新しく発掘した」といった話はあったけれども、ステージ・マナーについての批評がましいことは一言もきかなかったのは、どういうわけだったのだろうか？　このとき、彼をきいた日本のピアニスト、園田高弘と松浦豊明とは、口を揃えてグールドの演奏のピアノ（弱音）のすばらしさを称賛していたのだった。

　私の心にひっかかっているのは、まさか誤解されることもなかろうが、病理学的診断ではなくて、グールドという人間の中での《音楽》のあり方であり、そのために私は彼の演奏をきくだけでなく、みたいのである。

2

　グールドのバッハがすばらしいこと。それについては、私は、今さらここで何もくり返しかくこともないだろう。私が、かつて日本で、彼の『ゴルトベルク変奏曲』を手初めに、『パルティータ』その他の、《画期的な価値》についてかき出してから、すでに何年もがすぎ、日本の批評の風土も変った。もちろん、その後も『平均律クラヴィーア曲集』『フーガの技法』『二声と三声のインヴェンション』それから何曲ものピアノ協奏曲等々のレコードが相ついで発売され、それらはそのときどきに、また彼の驚異的天分についての新しい光を与えるものではあるけれども、私は、ここでは、それらにゆっくりふれてゆきたいとは思わない。

ただ、二つのことだけを、かいておく。一つは、このごろになって思うのだが、これらのレコードの魅力の最大の一つが、演奏の様式的技術的な次元での驚くべき高さと相伴って、あるいはそれ以上に、言語に絶する精緻と瑞々しさを合わせもつ抒情性にある点で、これこそが、あらゆるグールドの型破りのやり方のひきおこす問題とおもしろさをはるかに越えて、彼の演奏をまったく独自の魅力にあふれた芸術にする源泉である。逆にいえば、この魅力がなければ、グールドは《単なる驚異的ピアニスト》でしかなかったろう。また、この魅力は彼の演奏に遍在しているから、これを知るためには『インヴェンション』の数曲、『プレリュードとフーガ』の数曲をききさえすれば充分である。

もう一つ、私がここでふれておきたい点は『ゴルトベルク変奏曲』のような、比類をみないレコードの傑作の一つが成立しえたについては、レコードの製作では、何回もひいたうえで、それをおさめたテープの中からいろいろな角度からみて《最善のもの》を選んで編集するという手続きが可能だからだ、ということを、私は最近強く感じだしてきている。それは、技術上のミスを糊塗するといった低次元での話ではなくて、むしろ、この曲のように、何十もの変奏の連続から成り立つ作品では、その一つ一つの出来栄えだけでなく、個々の変奏と前後のそれとの相関、釣合、それから対照・対立とのうえから、一つ一つについて、いくつかの解釈が可能になる。その時、ある速さでひかれたものと、それとちがう速さ（あるいはダイナミックスその他の表現価に関しても同じことがいえる）でひかれたものと、それらの中のどれを選ぶかという問題が、レコードでは、実演とは別の課題となりえ、したがって、別の解釈・解決を可能にするのだ。だから、私は、同じグールドが同じ『ゴルトベルク変奏曲』をひいたものでありながら、私たちが知っているものとは、ひどくちがう経過をたどり、結末を迎えるレコードを想像することができるのである。これも、また、グールドの『ゴルトベルク変奏曲』なのである。ただ、それは、何かの理由で、市場では得られないものとなる。しかし、グールドのような人間が、同じ作品について、まったく別様にひかれた二種類、あるいはそれ以上のレコードを発表する日が、絶対にないと、誰が断言できるだろう？　すでにポール・ヴァレリーが「詩について最終的な、絶対にこれに限るという意味での完成ということはないのであって、普通そう呼ばれているのは、完璧なものにする努力を途中で放棄した結果にほかならない」といっている。

しかし、私のここでいうのは、それとも少し違うことである。ヴァレリーの言葉がすでに、ある作品について、正しい演奏は、たった一つしかない——ほかの演奏は、全部これを基準として、より正しいか、よりまちがっているかを判定すればよい——という、《古典的概念》に対する鋭い知的な——そうして詩作という創造的行為の真相について、彼以上に鋭く意識していた詩人が、二十世紀前半に、いたろうか？——批判であるが、複数の結果を生みうる、一人の演奏家の演奏したレコードの可能性というのは、それとは、また、やや別の問題にまで発展する（それにしても、ヴァレリー自身が《同じ詩》を幾通りかにかいていたのはおもしろいことではある）。

3

同一の曲といえども、幾通りかに演奏できる（断るまでもなかろうが、同一の演奏家の場合でいっているのである。それも、同じようにやったつもりでも、いつも、どこか細部においては違っているといった種類の自明のことでいっているのではない。このことはこのこととして、これまでいろいろ論議されてきた項目だが、これを徹底的におしすすめると、演奏は一回限りのもの、だから、どんな演奏家についても、《その人の演奏》ということはいえなくなり、ある日、ある場所での演奏しか残らなくなる。それは抽象的観念的演奏論としておもしろいかもしれないが、それでは、現代みるようなケージ一派の偶然性の作品ではなくて、同一の曲を演奏するのはなんのためか?という、ad absurdum〈不条理〉に導くことになる)。もし一人の演奏家が、それを言明し、そのとおり実行したらどういうことになるか?

元来、演奏が私たちを打ち、私たちを納得さすのは、その演奏をきいて、私たちが、この曲はまさにこのテンポで、こういう具合にひかれるべきものであって、そうしてこそはじめて、この作品の真の生命にふれられたと信じることができるからである。グールドの『第五ピアノ協奏曲』がショッキングであったのは、いや、今でもショッキングであるのは、本当は、それがあんなにおそくはじめられたからではない。いや、そうなのだが、実は、それを通して、私たちが、「こういうことがあってもよいのだろうか?」と疑うからである。私たちに疑わせずにおかない力をもつからである。もし、この曲をこれまで一度もきいたことのない人が、このレコードをきいたとしたら、その驚きは、疑いに裏づけされていないだけに、現在、私たちが感じているようなものではありえない。

しかも、先にあげたグールドの友人との対話のレコードをきくと、彼は「この曲を演奏する時、私ははやいのとおそいのと両方用意していった。そうして、私がストコフスキーにそれをいうと、彼は、おそいほうを——私のうれしいことには——選んだ。そうして、彼はオーケストラの楽員に向かって、『諸君、エロイカのテンポである』

と叫んだ」といった趣旨の打明け話をしている。

グールドは一つの協奏曲について、二つのテンポが同じように可能だと率直に言明した最初のピアニストである。ただ、彼は、ストコフスキーがおそいほうを選んだとき、「我が意を得た」と考えた。ということは、その二つのテンポの中で、彼自身の選択はすでにあったと考えることもできる。だが、ここで大切なのは、一つは、それにもかかわらず、彼には二つのテンポがすでに想定されていたという事実である。私たちはその中でおそいほうのテンポのレコードしか与えられていない。その遅さがかくのごときだとすれば、はやいほうはどういうものであったろうか？

私たちの好奇心は、やむことがない。すでに、こういう心を動かすだけの演奏でさえ、ごくまれにしかないのは事実であるが、しかし、この種の好奇心そのものは、《芸術》のおもしろさそれ自体とは、あまり深いところでかかわっているわけではないのである。それにもかかわらず、これは重要でなくもない。グールドの『ゴルトベルク変奏曲』のレコードが発表された時以来、日本では、今もって、あれのある部分がやたらにはやすぎるとか、おそすぎるという批判はあるのであり、また、『イタリア協奏曲』のフィナーレのあのすさまじい速さに、辟易しなかった人がいるだろうか。あとでどう評価するようになったにせよ、最初からあの速さが気に入ったという人がいたとすれば、少なくとも、私には、その人がグールドにとって、よき理解者であるかどうか、わかりかねる。

この話には、いずれ、また、戻ってこよう。ここではただ、グールドが《はやいほう》で『第五ピアノ協奏曲』をひいたら、どうなろうかを想像することが、それ自体、そう意味のないひまつぶしではないことを感じとってもらえば、それでよい。なぜならば、そんなことはくだらないというあなた方の中の誰かが、グールドのひいたベートーヴェンの、たとえば、作品一一一のソナタのやたらな速さを、かつて非難したのであろうから。

グールドの《遅さ》は、何も『第五ピアノ協奏曲』ではじまったことではない。グールドとブラームスの『第一ピアノ協奏曲』を演奏することになったレナード・バーンスタインが演奏をはじめる前に、聴衆に向かって、「この協奏曲のテンポは、独奏者のたっての希望に従ったもので、私は共演はするけれども、まったく同意できないものである」と破天荒の釈明を行ったのは有名な話である。その時のテープがある。これをきけば、すでに、ここには、まったく常識はずれの遅さがある。これは一九六二年の四月のことであり『第五ピアノ協奏曲』のレコードは一九六六年三月の録音である。しかしその前、つまりベートーヴェンの『第四ピアノ協奏曲』を共演した時（一九六一年三月）も、バーンスタインは閉口したのではなかったか。これもおそい。おそいだけではなく、そのために、いろいろな問題がおこって来、そのために、いろいろな、これまで（正当にも！）この曲の妙味とされてきた詩と緊張との比類のない結合が乱されてしまった箇所が少なくない。私など、このレコードをきく前は、これまで知っているグールドの演奏から推して、最初のピアノの主題的な導入など、さぞ微妙な詩的な生命の鼓動にみちたものであろうと、緊張して針を下ろしたところ、あまりにも、型やぶりの奏法ではじめられたのに、まったく愕然とした。

彼は、ベートーヴェンのかいたアレグロ・モデラートの*p*のドルチェとスタッカートではじまる主題を、最初の和音のあとは、アルペッジョにしてしまい、実に軽く、ピアノの試し弾きに変え、第三主題の*sf*からそれにつづくデクレッシェンドもほとんど耳につかない、平坦な歩みでとる。ただし、それまでの八分音符が四分音符、ついで二分音符になってゆくところで、そのリズムにある緊張をこめてはいるし、それはそれで魔的（マジック）な魅力が秘められているのは確かだが。

念のため、グールドのひいたのと、ベートーヴェンの譜を比べてかいてみると、ほぼこうなる［譜例1］。

このあと、バーンスタインが普通の様式のベートーヴェンに戻そうと懸命な努力を重ねているのがよくわかると同時に、心中、彼は、もうこういう人物と協奏するのはやりきれないと何度か考えたに違いないと、思われる箇所が、いくつも出てくる。ブラームスの協奏曲での彼の大爆発は、実は、前から潜在していたものの現れにほかな

［譜例1］
Allegro moderato第1～5小節（ピアノ独奏）

らないのである。

　正直いって、私も、このレコードをはじめてきいた時には、もっとたくさんのものを期待していたので、それだけにこの単調さに失望した。以来、私は、そのまま、このレコードを手放したかどうか、どこかになくしてしまっていた。最近、この原稿をかくにあたり、きき直してみようとしたが、まだ、終りまでゆっくりきく気にならぬまま、この筆をとっているところである。

　こういうことは、グールドのひいたベートーヴェンの協奏曲でいえば、『第三ピアノ協奏曲』までは気にならなかった。ことに『第一』『第二』は私は今でも好きである。

　どうして、しかし、協奏曲だと、こういうことになったか？　その理由の一つは、協奏曲では、グールドが、何度かひいてみたその録音を、あとできき直してみて、自分ひとりの考えで、自由にその中から、気に入った部分をとり出して、編集することができないからではなかろうか？

だが、これは、私の想像である。それ以上に、今度改めてグールドについてかく機会を与えられて（ほんとうは、強いられて）、私が興味をもって追究したのは、彼のベートーヴェンの独奏曲についての問題である。

4

グールドが、少なくとも今までに、レコードにしたベートーヴェンは作品一〇九、一一〇、一一一のいわゆる後期のソナタの最後の三曲にはじまる。これはバッハの『ゴルトベルク変奏曲』と『パルティータ』第五、第六につづく彼の三枚目のレコードであり、一枚目が一九五五年六月の十日から十六日の間に、二枚目が翌五六年の二月に録音されたのにひきつづき、これは同じ五六年の六月に行われた。録音の順序は、作品一一一が最初で、ついで一一〇、一〇九と作品番号の逆である（しかし、発売は『ゴルトベルク』についでこのソナタの順である）。

このレコードをはじめてきいた時、私は耳を洗われる思いがした。バッハの『ゴルトベルク』ではその奇蹟的な成功の高さに驚嘆したのだが、このレコードでは、その従来の演奏とは飛躍的に豊かな幻想力と抒情性の結びつきに、さらに超絶的な技巧の冴えといったものが加わったものとして、歓喜をもって受けとった。

「作品一一一の無茶苦茶な速さ！」私にこのレコードを届けてきた人は、そういいながら、貸してくれたのだが、私には、そんなことはまったくどうでもよかった。たしかに、このソナタ、それも第一楽章のアレグロ・コン・ブリオ・エド・アパッショナートは記録的な速さでひかれている。そのうえ、グールドは、第一主題群のあと、フガートで発展するまでの間に挟まれたエスプレッシーヴォのリテヌートもほとんど意に介さず、あの装飾音にとりまかれながら音階的に下行する第二主題でも、作曲者のメノ・アレグロ、リタルダンド、そうしてアダージョまでにいたるテンポの緩和をほとんど無視して、イン・テンポでひきまくっているような印象を与える。だが、何たるイン・テンポだろう！　これは、トスカニーニのそれとはまったくちがう！　ききては、ここでまったく新しい種類のそれの誕生するその場にいあわせる幸福をもつのである。これはまったく硬直してない。メトリックの正確さに追従したのではなくて、何ものもおし流さずにおかない音楽の奔流のその深い生命的なものに忠実な、極度に非感傷的なアレグロである。しかも、この速さの中にみち溢れている抒情の氾濫！　この両方が、ここに実現されている以上、私は自分の耳を信じ、この二つは離すことのできない一体なのだと考えないわけにいかなかった。第二楽章のアリエッタとそれにひきつづく変奏は、今度は打って変ったように遅めのテンポをとる。そのために、一つ一つの音型のもつ表情は、無類の正確さで追求され、それを実現するための《時間の場》をたっぷりと埋めるだけの自由と、それだけの責任と義務をしょいこむ。三重のトリラーの厳密な正確さのうえに、主題の独特のリズムの細かい傾きさえ、そこでは生かされなければならなくなり、グールドはその離れ業に見事に終りまで耐える。この不規則な規則性を、彼以外の誰が成しとげたろうか？　いや、そんな試みをしたろうか？

これはヴィルトゥオーゾ的要素と超絶的な詩味との合体による建築物である。一一一から、一一〇に戻ると、音楽はまったく別のものになる。ここでは、あの異形のスケルツォを除いて、名技的要素は排除されている。そうして、第一楽章の展開部で、はじめて、私はグールドの演奏にある種の癖のような偏向があるのに気づいた。それは、右手が主要主題をひくのに対し、左手がはっきり対照的な生命をもつ対位線を描くところなのだが、ここで、グールドは、その左手に特殊なアクセントとフレージングを与える（譜例２の第四拍のＣ音までが一くぎりになる）。

これは、くり返し出てくるのだが、そのたびにごく短い区切りが入るために、いかにもわざとらしく感じられる。ただし、このあと、このポリフォニックな書法がさらに、右手が二つにわかれて三声になってくると、アクセントが各声部とりどりに交錯してつきせぬ面白味が生れることは否定できない［譜例３］。

これは、バッハの稀代の演奏家であるグールドのことを考えれば異とするに足りないが、しかし、考えすぎ、かつ遊びすぎだという印象はぬぐえない。彼のポリフォニ

［譜例 2］

第1楽章 Moderato cantabile molto espressivo 3/4 第44 ～ 46小節

［譜例 3］

同第50 ～ 53小節（右手だけ）

ーを扱う名技、妙手は、終楽章でたっぷり味わえるのであるから。

だが、このソナタの全体を精妙なポリフォニックな書法による作品と考える、その基本的な把握は、正しいといわなければなるまい。

それに先立つ作品一〇九のソナタとなると、今度は、全体にわたっての幻想性の豊かさに、きき手はひたすら圧倒される。これは、いわばシェーンベルク出現以前のシェーンベルク的（私のいうのは、彼がやや新古典的十二音技法に入る前のことだが）な作法の要点の一つ、つまり小節の枠組みと規則的古典的楽節構造の枠をこえた、自由な散文としての音楽の構造の創作に最も接近した作品として、処理される。ことに第一楽章がそうであり、終楽章の変奏曲がついでそう考えられている。

この自由は、青年だけが——あるいは高度の老齢に達した天才もそうかもしれないが——示している深い智慧とみずみずしい自発性との不思議な結びつきのあかしとしてのみ、生れてくるものである（グールドは、一九三二年の生れであるから、このとき二十三または四歳であった）。

ここで、今にいたるまで、私の頭から去らない疑問は、これらのソナタを、彼は、どのくらいの音量でひいているのだろうか？ということである。前述したように、園田、松浦というまったくタイプのちがう日本のピアニストが、彼の実演をきいて、私に感嘆して語ったことの一つは、そのピアノ、ピアニッシモの美しさだった。この音量のことが、レコードではわからない。だが、私は、これらのソナタは、バッハのクラヴィコードというのは誇張であるが、少なくともショパンのピアノくらいに、小さな音でひかれたのではないかという気が、頭の片隅でしてならないのである。それは、タッチに関係し、かつ全体のデュナーミクの扱い、比率に深く関係してくる。そのうえに、音量の基準がどこにあるかは、また、全体の大きなテンポのとり方と、個々のフレーズの中でのアゴーギクの決定にも参与してくる。

5

このあと、グールドは、つづけざまに多くのレコードを録音しているが、ベートーヴェンに関しては、協奏曲を、『第二』から、『第一』『第三』にひきつづき、前述の『第四』と四曲入れていた。ソナタに戻ってくるのは、その後の一九六四年に入ってからである。これは、一つの重要な事実である。というのは、彼は、この間に多くのバッハのほか、シェーンベルク、ブラームス、モーツァルトらを録音しつつ、ベートーヴェンについての考えをまとめていたと考えられるからである。

一九六四年になって、再びとりあげたベートーヴェンは、今度は、前の最後期のものとは対照的にちがう、作品一〇の三曲のソナタとなって現れる。

これらのソナタについては、いろいろ指摘すべきことがあるのだが、できるだけ要点をしぼってかいてみる。作品一〇の一、ハ短調ソナタの第一楽章はばかげてはやい。アレグロ・モルト・エ・コン・ブリオという指示は、作品一一一の時の、アレグロ・コン・ブリオ・エド・アパッショナートの折りのあの速さを思い出せば、さらにアレグロ・モルトという以上、その延長のうえで、さらにはやいテンポを考えさせはするものの、このため第一主題の変型さえ、さすがのグールドの妙腕をもってしても、充分にはっきり出てこなくなってしまう。エキセントリックというほかない速さである。だが、それ以上に、このソナタで、私の注意をひくのは、ベートーヴェンのダイナミック記号を扱う、彼のやり方である。第二楽章を例としてとると、グールドは、ベートーヴェン特有の、クレッシェンド、*f*、*sf*、それから、*p*、*pp*、そうしてもう一度クレッシェンドして、*rinf.*から*f*、*sf*と進むといったダイナミックな力動の緊張を、非

［譜例4］

ベートーヴェン『ピアノ・ソナタ 第5番 ハ短調』（Op.10-1）
第2楽章 Adagio molt 2/4 第78 〜 87小節

常に変えてしまう［譜例4］。

こういう箇所（同じようなところは前にもあったのだが）の、いかにもベートーヴェンの特徴を強力に出しているダイナミックスの緊迫と緩和の長い楽想に遭遇すると、グールドは、あたかも彼の心臓がその緊張に耐えられないかのように、変えてひいてしまう。

ことに、スビト・ピアノ、ないしは*sf*の忽然たる出現に対して、グールドは警戒的である。その結果、グールドのベートーヴェンは、まるでバッハにおけるテラッセン・デュナーミクに近いような扱いでひかれる。これは、このソナタに限らず、グールドでは頻出する。というより、むしろ、このほうが彼の《ベートーヴェン》の通例といってもよい。

同じソナタの終楽章。これは単にはやいだけでなく、ある意味では、『第五交響曲』の先どりのような緊迫感をもって作られているし、グールドも、そういうふうに考え、ひいているのは事実であるが、それでも、コーダに入って

［譜例5］

第3楽章 Prestissimo 2/2 第106 〜 113小節

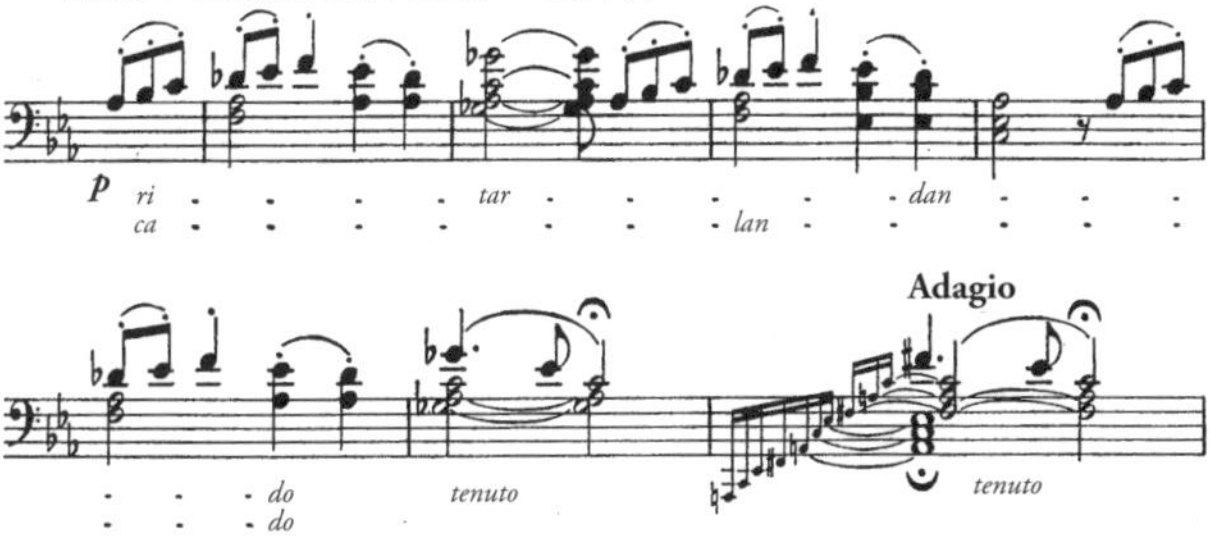

からの最もベートーヴェン的な箇所［譜例5］でさえ、フェルマータは無視され、いわば、一気に障害物を通りこして驀進する車のように、ピアニストは一散に駆けすぎてしまう。だから、このあと、一小節置いて、またアレグロに戻って、終りに突進するという基本的動きは、無惨に無視されてしまう。

私には、このほうが、第一楽章のあの破天荒の速さより、はるかに驚きである。

だが、これに劣らず、私の耳をひきつけるもの、それは作品一〇の二の第一楽章の扱いである。この楽章は、作品一〇の一のそれに比べれば、まず普通のアレグロではじまるのであるが、展開を終えたあと、再現に向かって近づいてゆく時、ハイドンがよくやり、そうしてモーツァルトも（たとえば『ジュピター交響曲』の第一楽章でやったような）、疑似再現というか、主調でなく再現に入ってゆき、主題がくり返される途中で主調に戻るという手法が使われている。このソナタでは、ヘ長調の主調なのに、まずニ長調で再現に入ったかのような印象を与えておいて、漸次、ヘ長調に移ってゆくのである。

グールドは、このニ長調にいって以後、当初のテンポをゆるめる。そのため、私たちは、再現でありながら、何かのエピソードにぶつかったような感じに導かれるわけで、このへんの扱いは実におもしろいのであるが、ヘ長調の、つまり本当に再現が軌道にのって以後も、一度おとされたテンポは、ついに終りまで、出発時のそれに回復しないのである。

グールドは、ときに、いくつかのテープをとったあと、その中で、ある部分はこのテープから、別の部分はまた別のテープからというふうに差しかえをするのではないかという疑問が、私の頭にふと浮んだのは、この演奏をきき終った時であった。

私は、彼が細部において、テープのつぎはぎをするのだろうといっているのではない。そういうことはあるかもしれないし、ないかもしれない。それは、ほかの何百という演奏家の場合だってありうることである。レコードを作る以上、ことにＬＰ以後のそれの場合、それはあまりにも当り前のことだ。ことに技術的なミスを修正するとかなんとかであれば、そんなことはたいして問題とするにあたらない。ここに見られるのは、そうではなくて、こういう大きな長さ全体にわたっての差しかえをどう考えるかという問題である。

これは、変に聞こえるかもしれないが、グールドが現実に、このソナタの場合にやったかどうか、とは、実はちょっと別のことでもある。

つまり、これは一つの曲、一つの楽章の流れの基本にかかわり、それを変更することの問題である。

作品一〇の三は、全体として、先に述べた以外の点での問題はない。細かいダイナミックスの無視は依然ここにもある。ことに第三楽章のスケルツォのトリオには、終りの*ff*を完全に度外視するといった不敵な業がみられる。

しかし、このために、緩徐楽章とちがい、特にこういう箇所では、音楽はベートーヴェン特有のギクシャクした不自然さを失い、流麗さをます。やや粗雑にいえば、音楽はそのために、バッハ、あるいはヘンデルに近い壮麗と流れの自然さを獲得する。

また全体としても、この一〇の三の演奏は名演である。

6

グールドはさらに、二年後、一九六六年の二月から四月にかけて、作品一三、一四の一と二の三曲のソナタを録音している。

作品一三は、いわゆる『悲愴ソナタ』である。

ここでも、ダイナミック記号に変更が加えられているのは、同じである。第一楽章導入部の第五小節から第六小節にかけてのpとffの交替が、ほとんど目立たないところまできりつづめられ、その結果pとfの対照の効果がほとんど失われているほかに、第七小節のpからはじまって、第八小節のクレッシェンドを経て、第九小節の頭のfpにいたる経過は、逆にデクレッシェンドするというまことに不思議な扱いに変る。つまり、緊張が極度に高まったあげくに、ソナタのアレグロの主要部に入るのではなくて、最初の力強いfの物言いのあと、大きくいって、漸次鎮静していった末に、アレグロ主題が疾風のように大地から高みに向かってまきおこるのである。

こういうようにダイナミックスの緊張の息遣いの幅を長くとること。その結果、音楽になだらかさと、しかも同時に風の吹きすぎるさまとか潮の満干にもたぐえられる雄大な起伏の生れること。これはグールドのベートーヴェンにみられる大きな特徴である。この『悲愴ソナタ』でも、第二楽章が全体として速めのテンポで演奏されつつ、終りのほう、第六六小節以降は、すべてpでひききられているのも、その顕著な一例といえよう。

だが、それがもっと、意外であって、かつ大きな喜びをきき手にもたらす結果を生むのは、同じレコードに納められた作品一四の二の第二楽章の演奏である。

総じて、この作品一四の二は、私には、これまでグールドのレコードできかれる限りでの、最もすぐれた演奏の一つに数えるべきものと思われるのだが、まず、第一楽章、七六小節のデクレッシェンドに接続するfという動きは、例によって、充分に扱われてはいないが、それを除けば、全体にみなぎる詩的な香りは非常な高さのものである。これは、よく《夫婦喧嘩》などとあだ名されている曲だが、とんでもない。こういう演奏できくと、馥郁たる花の咲き匂ったようなソナタに化身する。ベートーヴェンが、ある時、これまでのソナタにあきたらなくなり「これから新しい作風に入る」と語ったというのは、シントラーにいわせれば、この後で、その最初の表れは作品三一のソナタ群になるというのが定説であるし、事実、作品三一の二のあの『ニ短調のソナタ』の詩的な味わいは冠絶したものではあるけれども、ただ詩的というだけであれば、このソナタは、それにちっとも劣らない。小品でありながらも、こういう天才の演奏できくと、このことは、否応なしにわかってくる。

さらに驚くべきことは、このソナタの第二楽章アンダンテの演奏である。グールドは、このアンダンテを非常に遅めにとる。その結果、この楽章は単純な行進曲風の主題と、これまたそれに劣らず単純な変奏の連鎖でありながらも、まるでハイドンの最上の交響曲の一楽章ででもあるような、気品と簡潔を兼備した名作と化する。ことに終りの十六分音符の変奏に入って、fが重なったあと、ゆったりした足どりで進む音楽には、ベートーヴェンにはまことに稀有な、それだけに貴重な、柔らかな日射しが当りだしたような、あるいは大輪の芙蓉がほころびだしたような、ふくよかな気韻が漂う。そうして、このあとグールドはリズムを自由に崩し惜しげもなくルバートをくりひろげる。この簡潔な楽句に加えられた大胆な草書体は、近年のピアニストの演奏としては、ちょっとほかに類のないものだろう。こうして、このアンダンテ中間楽章は、単純さと信じられないような大幅のゆったりしたテンポと、その中でのたっぷりと歌い、歩む動きの結果、いわばこのソナタの重心としての中心的位置を与えられることになる。それに変奏の主題はハ長調の平明な安定をもちながらも、葬送の行進の様式で終始している。これは悲しみをもたない葬送、いってみれば、夏の終りになって、夏に捧げられた追悼の賛歌のようなものである。

第三楽章のロンドであってスケルツォを兼ねたフィナーレのユーモアも、ほかの場所ではめったにみられないもので、グールドの至芸の一つというほかない。

同じ作品一四の一のソナタでも、これにおさおさ劣らぬ魅力がある。このソナタは第二主題が、一本の旋律に和音をアクセントに入れた簡単な形をとっていながらも、デリケートな半音階という点で、ちょっと珍しい味わいをもつ。グールドは、特に目立つように強調するわけでもないのに、その半音階をよく感じさすよう処理している。

しかし、ここで気がつくのは、これまで述べてきたグールドのベートーヴェン的ダイナミックスについての扱いが、実はいつも無視していたわけではなくて、fあるいはfpと記してあるその個々の音を強調するのでなく、その楽句全体の流れの中で、軽くクレッシェンドしたり、あるいは逆にする、その方向づけの中でのアクセントとしてとらえているのだということがはっきりとわかってくる点だろう。その範囲の中で、彼はfやfpを、かなり忠実に生かしているのだ。

前にふれた作品一四の二のそれとは逆に、このソナタでは、中間の楽章、アレグレット、ホ短調は、比較的あっさりひかれる。これも、普通予期されるのとはまったく逆の行き方である。

7

このあと、グールドが、何曲のベートーヴェンのソナタを録音したものか、私にはよくわからない。日本で発売された『悲愴』『月光』『熱情』のソナタのレコードが、アメリカで出たものではなく、日本特有の《三大ソナタ》盤の一種にほかならないことはわかっているが、私は、こういうやり方に賛成できない。《名曲》を揃えるのが、いけないというのではなくて、名曲はほかにもあるし、名演奏にいたっては、どんなピアニストもこの三曲でするわけではないからである。それに、もしかしたら、グールドは、ほかのソナタとの組合せを考えているのかもしれないのに、という気もする。

いずれにせよ、このうちの『悲愴』は前にふれたものの再録であり、『月光』は一九六七年五月、『熱情』は同じ年の十月の録音であって、その間に彼はモーツァルトのソナタ五曲その他の仕事をしている。

『月光』の演奏で、特に注意すべきことは、第一楽章で、速めだというほかには、あとほとんどの点でベートーヴェンの指定どおりにひかれていることだろう。この「幻想曲風な」楽章は、グールドのひいたモーツァルトの幻想曲より、もっとなだらかに流暢に滑ってゆく。これにもし、終楽章の第二主題が、指定された*p*というダイナミックスをよく生かしていたら、はるかに深い感動を与えた演奏になったろう（そういう点でも、この曲のフリードリヒ・グルダの演奏はすばらしい。読者の一聴をおすすめする）。

それにしても、グールドは、この曲全体にわたって、詩的な興趣を無視していない。たとえばロベール・カサドジュの砂をかむような乾燥した演奏に比べると、近年のピアニストが『月光』などという馬鹿げたあだ名に抵抗を感じて、反動的に散文的にひいていた時代を一つ通りこして、曲そのものにもっと楽な姿勢でアプローチしている表われとしてみることができるだろう。

作品五七の『熱情』は、再び、きき手に厄介な問題をなげかける。『第五ピアノ協奏曲』以来の、またしても極端なおそいテンポによる出発である。それに困ったことに、そのやたらとおそいなかで、リズムが崩しに崩され、メトロノーム的テンポはただもう軽蔑の的となっている。

［譜例６］

ベートーヴェン『ピアノ・ソナタ 第23番 ヘ短調』（Op.57）
第1楽章 Allegro assai 12/8 第46 〜 48小節

いつからはじまったのか私は知らないが、第二主題の最初のクープレが終ったあとの音階的に下行する楽句は、はやいテンポでひかれた時でも、ここに来て一段おそくなるのが、過去の人たちの通例だった（もちろん、今でも、そうやっている人も少なくない。しかし、これは原譜にはまったくない演奏法である。人はグールドの変ったやり方を特に指摘するが、こういう習慣化した変則には平気でいる）［譜例６］。

グールドのとった第一楽章アレグロ・アッサイのテンポは、この通常おそくとられた部分のそれを基本にとったものといったら、これをきいたことのない人にも、あるイメージを与えることができるかもしれない。同じような例が、クラウディオ・アラウの『ヴァルトシュタイン・ソナタ』の第一楽章についてもいえよう。この楽章でもホ長調の第二主題に入るにつれ、人びとは普通それまでよりテンポを落してひく。アラウは、その第二主題のテンポを、始めからとるのである。だから、楽章全体を通じてテンポは変らない。ここはアレグロ・コン・ブリオである。私の予感では、グールドがもしこのソナタをひいたら、今まで作品一〇その他でみた例からいって、この第一楽章は、ずいぶんはやくなるのではないかと思う。そうなると、コーダに入って、普通テンポをあげるところがどうなるかと疑問をもつ人もいるかもしれないが、この楽章の場合は、終楽章とちがい、コーダでも何もテンポをあげるような指定はかきこんではいないのである。

ただ、『ヴァルトシュタイン』の第一楽章の緊張の一つの源泉は、第一主題から第二主題に移るにつれて、どうやってテンポを変えてゆくか、それを音楽的論理のうえでどう解決するかにあるのだから、アラウのように、それを避けるのは、たとえ楽譜に忠実であろうと、一つの焦点を回避することになるのではないかという疑問が生じるのは当然である。

そのことは、同じように、ここのグールドにもあてはまる。このままでは、これは、凍結の音楽である。それは最後のコーダになっても、とけない。

第二楽章も、おそい。おそいだけでなく、ここでは、主題の付点音符やシンコペーションの扱いに非常な圧力の加わった細心きわまるタッチがみられ、これと第一変奏と、その各部にわたって原譜指定の通りに反復が行われる。耐えがたいほどの重圧の下で喘ぐものの心臓の鼓動がきこえてくるほどである。ことに二重付点の部分が実に重い［譜例7］。

ベートーヴェンに心悸について持病の障害があったということは、作品一〇九の中

［譜例7］

第2楽章 Andante con moto 2/4 第9 〜 15小節

間楽章の嘆きの歌や、後期の弦楽四重奏群の随所にみられるあの喘ぐような息苦しい歩みを例にひき出しながら、これまでもさんざん論じられてきたことであるが、この変奏主題のそれは、グールドの手にかかると、そういった有名な例にもまして、なお重く、暗く、これはグールドを音楽による心的なものの表現に無関心な超モダーン派とでもいったふうに分類する軽薄な考え方への強力きわまる反証である。この重さは、この楽章の終りで主題が再帰してくるところでも、変らない。息苦しいまでの抑圧的な重量感のかかった楽章として、この演奏は、異常な真実味にみちている。

グールドのこのソナタ全体の構築は、もちろん、このやたらとおそい二つの楽章をへて、これまで抑えに抑え、蓄積に蓄積を加えていたエネルギーの強烈な放射、発散としての終楽章を考えたのだろう。事実、ここにいたって音楽はこれまでの凍結と抑圧をはねのけて、一挙に流れだす。だが、そうなると奇妙なことに、ベートーヴェンがなぜ、ここで、アレグロ・マ・ノン・トロッポとかいたかが問題となる。もちろん、ここの音楽のリズムは四分の二拍子だし、十六分音符の音型が中心だから、マ・ノン・トロッポといっても音

［譜例 8］

第3楽章 Allegro ma non troppo 2/4
第308〜311小節〈コーダ〉

楽は否が応でもはやくなる。だが《はやすぎてはならない《ノン・トロッポ》》のだ。私は、グールドの終楽章は、どこかで計算の狂いがあるような気がしてならない。何かが不発に終っている。その中で私にも気がつく一つは、あの凄まじいコーダの、二分音符二つの衝撃とそのあとの八分音符の対照のアクセントが充分強力に生きていない点である［譜例8］。

こういうわけで、私は、このグールドの『熱情』はまだ充分に楽しむことができないでいる。それどころか、これは、グールドとしてはまれにみる不成功の例ではないかという疑いをもっている。

8

私は、これまでグールドが、ベートーヴェンを演奏する場合、特にこの作曲家の様式の大きな特徴となっているダイナミックスの特殊性、*f*や*fp*や、そういったものの処置のうえで異例なふるまいが目につくことをくり返し指摘してきた。それが、グールドのベートーヴェン演奏の一つの目印でさえあるといってもよいだろう。たとえば、『熱情』が、どこか不発で終ったのも、それと無関係ではない。

しかし、また逆にこのために、グールドはベートーヴェンの音楽に、ほかの人の場合にはみられない、自然でなだらかで、もっと無理のない、大きな呼吸の中に生きる——つまりバッハ的、あるいはヘンデル的なものを付与することになったという点にもふれてきた。

それにしても、グールドは、fやpをまったく無視しているのではない。ただ、それが非常にしばしば、いわばモーツァルト的な抑制の範囲で処理され、ときには暗示され、ほのめかす程度に終っていることとさえあるのである(2)。

かつて後期の三つのソナタを録音して以来、作品一〇、作品一四、それから作品二七の二としだいに吹込みを進めてくる間に、グールドのベートーヴェンは、そういう事情をしだいに明らかにしてきつつある。そうして、これまでのところでは、作品一一一を別とすれば、作品一四が私には最も完成した演奏に思われる。だが、グールドにダイナミックスの的確と精緻が欠けているというのは、まったくあやまっている。それは、とりわけて、彼のシェーンベルクのピアノ曲の演奏が充分以上に示している。

これらは、彼のバッハとならんで、それからブラームスの間奏曲、あるいは最近のモーツァルトの演奏に優るとも劣らない、すばらしい出来栄えである。ただ、シェーンベルクのピアノ曲がどうひかれるべきかについては、まだ歴史が浅く、問題は多く、簡単には決めかねるのが現状である。その問題について、私にも、詳しくふれる余裕が、今はない。だが、これらのレコードはグールドを知り、グールドについて語るためには、不可欠のものである。なかでも作品一一の『三つのピアノ曲』、それからグールドがシェーンベルクの《新ロココ様式》の傑作と呼んでいる作品二五を演奏したレコード、あるいはピアノ協奏曲、それから、ゲオルゲの詩によったシェーンベルクの不滅の連作歌曲集『架空庭園の書』のピアノをうけもった演奏。こういうものは、グールドにおけるデモーニッシュなものと近代的精緻との共存という点で、比類のない金字塔的な業績ではなかろうか？

注

（1）もっとも《ホロヴィッツの沈黙》の間にとられたレコードにも、この硬直と異常な神経の高ぶりは感知できる。その中で、真の世紀の大家の風格ある落ちつきと支配力をもった演奏がきかれるものとしては、スカルラッティのソナタを納めたレコードに止めをさすというのが、私のこれまでの考えである。

（2）しかし、また、ききなれてくると、グールドがごくわずかな音の強弱でダイナミックスの変化をひきわけているのが、感じられてくる。ちょうど、トスカニーニの立板に水のようなイン・テンポ一点張りの演奏のうちにも、表情の細かな変化による使いわけがみとめられるように。

スクリャービンをきく——アシュケナージ／ストイアマン／グールド

CD（アシュケナージ）／ロンドン　F50L 29132〜3

ホロヴィッツが二度目に日本に来てリサイタルを開いた時、モーツァルトのハ長調のソナタ（K三三〇）をひいたが、それは、何だかひどく場違いの演奏をきかされているような気がして、居心地がわるかった。部分部分で大きく変るテンポの変化といい、pやfのダイナミズムの交代のさせ方といい、あまりにも主観的というか恣意的というか、論理的な説得性がないのである。しかし、そのあと、同じ人がラフマニノフやスクリャービンをひき出すと、モーツァルトの曲と同じように変化にとみ、いわば草書で字を書いているようなひき方なのに、その崩し方がまことに壺にはまっていて、快く響いてくる。当のホロヴィッツものびのびとひいていて、まるで水を得た魚のように自由自在に遊びまわるさまをみているような心地がしたものだ。

特にスクリャービンがよかった。レコードにも入っている練習曲だったと覚えているが、これをきいているとピアノの名手がひいているというだけでなく、音楽家としてのルーツを同じくするもの、つまり同じ時代、同じ社会環境の中で育ち、息づいてきた人として、その音楽と同じ空気を呼吸しながらひいているという感じなのである。それだけ、モーツァルトやベートーヴェンは、いくら彼が早くからロシアを離れ西欧社会に出て生活してきたといっても、やっぱり、一種の教養として身につけた高度の芸術を扱っているという感じが強い。自分のものというより、「対象」として眺めながら、それを扱っているという、ある「よそよそしさ」、異和感がつきまとうのだった。

だが、それだけ、私にはホロヴィッツできいたスクリャービンの感銘は力強く、今でもなおなまなましく残っている。

といっても、実は私はこの「ロシア世紀末の天才」あるいは「十九世紀の終りから二十世紀初頭にかけてのロシア芸術のルネサンス」の大立者の音楽は、よく知らないのである。いつかはもっとよく知りたい、もっとよく味えるようになりたいと思っては来たのが、いざ、きいてみると、何かぴんと来ないところがあり、ぴったりしない。

音そのものは、そんなにむずかしくはない。形も、そんなにつかみにくくはない。というより、むしろ、提示があって、展開があって、再現があってという具合に組立ててあるのは、きいていても理解できる。もちろん、モーツァルトやベートーヴェンのソナタ形式的枠組そのままではないにせよ、大づかみにいって、そういう三部形式で書かれていることが少くない。だから、ワーグナーの『トリスタン』の前奏曲とかリストのロ短調のソナタとかをききなれている耳には、まるで雲をつかむようで途方にくれるということは、純粋に感覚的にいえば、まあ、ないはずなのだ。

だから、私が何かぴったりしないというのも、経験不足で、この音楽のごく入口のところで足ぶみしているにすぎないといわれても仕方がない。

要するに、なじみがうすく、よく知らないのだ。そういう私にも、ホロヴィッツのひいたスクリャービンの小品たちはおもしろかった。音もきれいだが、それより、何より、ほかにない独特のはなやかさをもった艶があり、香りがあった。ホロヴィッツは、若い時は、小品だけでなく、晩年のソナタも含めて、スクリャービンの音楽はたくさん手がけていたのだから、あの老人性頑固の標本みたいな、癖の強いモーツァルトのソナタではなくて、そういうものをきかせてくれたら、と口惜しい思いをする。

この間も、クリスチャン・ツィマーマンのショパンの『バラード』全四曲その他を入れたCDをきいて感心する一方で、もう少し違った音楽もききたいなと思っていた矢先、アシュケナージのスクリャービンのピアノ・ソナタ全集とジャン・ルイ・ストイアマンの同じくスクリャービンのソナタや詩曲ばかり入れたCDとが、今月の新譜として届いたので、さっそくきいてみた。

どちらも、それぞれ、おもしろかった。アシュケナージの方は、前から時々LPできいていたものも混っている。というより、これまで彼が録音したものを、二枚のCDにまとめて、全十曲の全集版として、出したものだ。一九七二年から一九八四年にわたる十何年かの歳月の中で、とびとびにひいたのだから、曲へのアプローチも、またピアニストとしての姿勢にも、変化があるのは当然だろう。

私は、さっきからいってるようにスクリャービンの音楽をよく知らない人間だから、その変化を精確にとり出して論じる力はない。だが、一貫していえることは、さすがにアシュケナージ。音の美しさと、それからまじめというか、音楽に対する態度のきびしさには感銘を受けないわけにいかない。

スクリャービンは、四和音、五和音、それ以上と音を幾つも重ねて和音をつくるけれど、その際、バスの方はオルゲルプンクトのように持続させ、比較的動かさないでおき、高い方の音で主題――ごく短かいから、モチーフと呼ぶ方がいいのかもしれない――を出没させることが多い。こういえば、誰だって、多かれ少なかれ、ピアノはそうやって響かせるのが普通だということになるわけだが、スクリャービンをきいていると、この上と下の両端の中間の音域に音がかなり密集して、半音階を多く混えてこまかく、そうしていそがしく運動する声部が書きこまれているのに気がつく。たとえば、第三ピアノ・ソナタの第三楽章。これは、作曲者が誰かの前でひいてきかせていた時、「ここでは星々の歌うのがきこえる」といったとかいう有名なエピソードの残っているものである。それで、この曲について書く人は、まずはこの話をとりあげるのが習慣みたいになってしまった。たしかに、これは美しい旋律ではじまる、陶酔的な抒情の音楽に違いない。しかし、よく調べてみると、スクリャービンは、この楽章全体について、漠然と「星が歌う」といったというのでなく、同じ旋律がのちに中声部に出てくる時に、そう指摘したらしいのである。その時は、右手の高声はきらめくような断片をひいているのである。アシュケナージの演奏できいていると、このふしと星空の感じがとりわけ鮮かに浮び上るようにひかれているのに気づく。音楽にまつわる逸話は、こういう具合に実際に音として生かされてはじめて、私にはおもしろく思われる。そのほか、第一楽章のはじまりから、アシュケナージのは、正に作曲者の指定した「ドラマティコ」という発想記号にふさわしい劇的な烈しさをもつ、急迫したテンポと、それから彼特有の輝かしい音質を生みだすタッチで出発する。

ストイアマンのCDには、この第三から第五番までのソナタが含まれ、そのあと小品が六曲入っている。ストイアマンという人は、私にははじめてきくピアニスト。その上、よく知らないスクリャービンというわけだから、私はまだこの人の音楽を論じることはできない。しかし、このCDできく限り、かなり異色のある人ではあるらしい。ブラジル出だというが、ジャン・ルイというフランス系の名と、ストイアマンというドイツ系の姓とがくっついているのだから、長い間の音楽の伝統で飾られた、この二つの民族の血をあわせひいているということになるのだろうか？　また、南米からは、以前シドンというピアニストがスクリャービンのソナタを全曲ＬＰに入れていたとおぼえているが、名前から推すとユダヤ系かしら？

いずれにせよ、ロシア世紀末の天才の音楽をひく人が、南米からつぎつぎ出てくるのは興味あることだ。

ところで、ストイアマンの演奏だが、この人の音は、――もっとも、ＣＤの音だから、いろんな事情も考慮しなければならないのだろうが――アシュケナージのような輝かしさではなく、ちょっと沈んだもので、暗いというのではないが、もっと内攻的な感じがする。そのせいでもないのだろうが、第三ソナタなど、ショパンというよりむしろシューマンの――同じ嬰へ短調で書かれた第一ソナタを、連想させせられてしまう個所がある。たとえば、第一楽章の頭の主題からしてそうで、バスがcisからfisへ4度跳躍する開始と、それに呼応するように、つぎの小節で右手の高音部に、gis―a―fis―cis―eという旋律の断片が出るところ（gisからaへの半音と、それからfisからcisへ、今度は4度下に跳躍して、3度上に跳ねかえるふしい）など、まるでシューマンだ。いや、それに、ここでは付点音符つきのリズムが重要な役を果すのだが、それも私たちシューマンのソナタでなじんで来たものである。

それから第二主題も、同じくシューマンを思い出させるし、同じことはつぎの楽章にもいえる。シューマンとのつながりは、こういうモチーフのリズムや音程の上の共通性だけでなく、第一、嬰へ短調という暗い調性からの出発、その支配にも及んでいる。そういう曲である以上、ストイアマンの演奏が、——すべてではないが、いろんな個所で——どちらかというと曇り空の下の鉛色の音楽といった印象を与えるのは、あながち、場違いというわけでもないように思われる。

このあとの、第四、第五ソナタの演奏も、おもしろくきけた。くりかえすが、これが優秀な演奏かどうか、私はまだ断言できない。けれども、何だかおもしろそうなピアニストが出て来たようだ。この人で、もう少しじっくりスクリャービンを勉強できるといいけれどなあ、というのが私の偽わらざる感想である。

ストイアマンをきいているうち、グレン・グールドにもこのソナタをひいたＣＤのあったことを思い出して、きき直してみた。

グールドは、例によって、思い切っておそいテンポでひきはじめる。おかげで、スコアをみているみたい——とまでは、私の耳ではいえないけれど。少くとも、何重にも音が重なりあってできた和音の連なる音楽の内部が、かなりの程度まで、透けてみえてくる感じがする。グールドは、このスクリャービンのピアノ曲をつくっている錯綜を極めた音の密林を扱って、できる限り、ポリフォニーの論理の文脈が浮き上ってくるように努力してひいているからである。その結果、さっきふれた内声部での旋律のあり方も、単にふしとしてだけでなく、横の流れの一環としてきこえてくるのだ。しかも、そうはいっても、グールドはこの曲をバッハのポリフォニックな音楽をひくようにひいているわけではない。土台、そんなことはできないだけでなく、天性の抒情性豊かな音楽家としてのグールドの面目躍如たる演奏にもなっているのである。この人にももっとスクリャービンを残しておいてほしかった。

＊ ストイアマン／ピアノ・ソナタ第3〜5番、他　CD／Ph32CD881
グールド／ピアノ・ソナタ第3番　CD／CS60DC822〜3

テレビで見たグレン・グールドの演奏

八月十日NHKのテレビでグレン・グールドの演奏が放送された。カナダ放送の録音録画によるものだそうだが、私としては昨年のホロヴィッツのそれ以来の感興をそそられた。

グールドは独特なスタイルのピアニストというだけでなく、さまざまの奇癖の持主としても知られている。それに彼は音楽会で演奏する時代はもう終ったと称し、しばらく前から公衆との接触は放送とかレコードとか、要するに人目のないスタジオでの、演奏を通じてでなければもたなくなっている。そうなったについても実は細かな理屈がつく。この人はよく自分のレコードに自分で作品に関するコメントを書いているが、それがまた、ありふれた解説や学識ばかりひけらかすペダンティックなのとはまるでちがう、高踏的でスーパーインテレクチュアル（?）とでもいうか、型やぶりの文章になっている。

そんなわけで、グールドは前々から、みんなの特別な注目をひいていたのだが、何しろ実演をやめてしまったので、私たちには、これまではレコードでしか接する機会がなかった。

音楽の演奏はきくのが本来だから、演奏の姿など見なくてもよいというのも一つの理屈である。音楽会に行っても、いつも目をつむってきくと主張する人さえある世の中だし、それに演奏会の利弊、得失は別としても、たとえレコードマニア、ＦＭファンでなくとも、今日の社会に生きていて、音楽は演奏会でしかきかないという人はまず皆無だろう。昨日今日の猛暑の候はもちろん、晩夏や秋たけなわの一刻、あるいは冬の夜を、家にいてひとり音楽をきく楽しみはまた格別で、このほうがよほど落ちついてきかれるという人の数は限りなくある。

だが、私など、たしかにその通りだが、それだけになってしまっても困ると考えているのである。現にこのグールドの放送がその一例で、これを見たと見ないでは決定的な差がある。百聞一見にしかずで、二度見る必要はないが、一度は見ておかないとわからないものが、ここにはあったのである。

それを少し細かくいうと、私としてはこれまでレコードで、つまりきく一方で得た印象を根本的に変える必要はなかったが、テレビを見ながら、彼をきいた経験は、グールドに関するこれまでの私の考えを一つの全体的な意識とでも呼びたいものにしてゆくうえで、決定的に大きなプラスだった。きくとみると、この二つは、一方が他方を補うというだけでなく、二つが重なってはじめて獲得できる主体性というものがあるのだ。それはまた、音楽は理解するだけでなく、音楽家、つまり音楽をやる《人間》を知るうえで決定的に重要なことなのである。

ホロヴィッツの時は、それまできくことを通じ伝達されていたものを画面が完全に確認してくれたのだが、グールドのはきいただけではわからないあるものについて教える。そうして、その中に、一つの人間としての劇があった。私にわかった限りでは、なまじこのピアニストについて予備知識をもたず、いきなりあの放送でぶつかった人たちの多くが、いつものより格段におもしろがっていたようだが、それは音楽をきこうと武装した心より、素手の心のほうが、そこに《人間》を感じるのに敏感であり、また《人間の劇》というものは、いつも人を打つようにできているからではないだろうか。

で、私たちは何をみたか？　まず、普通よりかなり低い椅子にかけて、背をまるめ、頸を短くして演奏する姿である。その結果、鍵盤が肘よりやや高めになるので、打鍵には肩や上膊の力がほとんど生かされず、前膊と手首からさき、特に目立って平べったくのばされた指の動きに重点がくる。そのため音の強弱（ダイナミック）や響きの色彩的多様さ、豊麗さといった効果は減殺されがちで、どちらかというと中性的な音が主体になる。しかしそれはまたバッハその他の対位法的な音楽にぴったりの奏法となる。彼がよくチェンバロのように乾いた、軽い、ノン・レガート奏法を駆使するのも、以上の打鍵法の自然な帰結であるし、彼のバッハのまれにみる美しさの生じる主な理由の一つも、ここにある。これは、しかし、これまでレコードをきいているだけでも想像のつくことだった。

ところが、ベートーヴェンの『皇帝協奏曲』のように長大な曲の場合となると、進むにつれて彼がしだいに周囲から切り離され、ある世界に深く進入してゆくさまが手にとるようにわかってくる。右手だけを使っている時の彼は、まるで右手の演奏を指揮するかのように、あるいはそこから生れてくる音をある想像上の空港に着陸させようと誘導したり、あるいはその余韻を掌の中に包みこんでから、改めて解放し大気の中に飛び立たせてやろうとでもするみたいに、右手に沿って左手もいっしょに、さかんにあげたりさげたりする。そのうえ、同じ曲の第二楽章のように荘重な歩みで冥想的な旋律をひく時には、彼は上半身を右から左に輪のようにさかんにゆすぶりながらひくのだが、そうした時に限らず、はやい楽句を奏する場合も、たえず、口をくちびるをパッパと動かして、リズムにのってうたっているのが見える。こういったすべてをながめながら、そこから生れる音楽をきいていると、私は、目の前にいるのが普通の人とは知情意の均衡のずいぶんちがう人間ではないかという考えに導かれざるをえない。この人は穏やかにいっても、やや偏執狂的傾向のある人間なのだ。彼の演奏や文章は、ある時は常人の予断を許さぬような幻想味にみちていたり、ある時は、人並みはずれた精緻で正確な論理の展開があったり、しかもそのいずれにもまったく独自の詩情を失わないといった側面をもっているのだが、その一方で、それとひどくアンバランスな、インファンタイル（幼い）といってもよいような奇妙な好みに傾斜していったりすることのあることも、画面をみていると不思議でなくなってくる。

特にそれは、同じ画面の中で、協奏曲で管弦楽の指揮をしているチェコの名手アンチェルルがきわめて冷静で一点のむだもない棒さばきをみせているので、よけい鮮かな対照となって、私たちに迫ってくる。

だが、それは対照だけではない。グールドの姿が私たちを強烈にひきつけるのに反し、アンチェルルの、いわゆる「健康な」指揮姿は、ある時間をすぎると、それ以上私たちの注意をつなぐには空虚すぎると見えてくる。「この人の耳にはあれが聞こえないのでは？」という疑いがわいてくる。というのも、「あれ」の所在を示すことこそ、グールドの演奏の急所だとわかってくるからだ。

グールドはひどく凹んだ眼窩をもっていて、演奏中、ことにおそい楽段の時には、目をほとんど閉じっぱなしか、ごくまれに半開きにするくらいしか開けないので、まるで盲目のような印象を与えるのだが、そういう彼の顔を、悲しみというか悩みというか、名状しがたく悲痛なものが走ってゆく瞬間がある。そうして、いったんそれに気がつくと、この公衆の席に自分の姿を現すのを拒絶しているピアニストは演奏しながら——滑稽なくらい両側に大きくとびだした耳を通じて——何か私たちには見えないものの声をとらえ、それに導かれたり、それと問答したりするようにひいているのが、わかってくるのである。

それは、よくあるように、自分の音を注意深くききながら演奏を続けるのとはちがう。また協奏曲だから当然、管弦楽の進行にたえず注意しながら演奏するというのともちがう。協奏曲のあと『へ長調の変奏曲』(作品三四)を独奏する彼の姿を見ていると、人間の目に見えない声に耳をすましていることがもっとはっきりしてきた。

この時になって、私はやっと、しかし今度はまったく疑問の余地のない確実さでわかった。彼が演奏会を拒絶するのは、公衆の現存が精神の集中を妨げ、みえざるものの声に耳を傾けるのの邪魔になるからである。自分が見られるのをいやがるためでないのは、こうやってテレビの録画には応ずるのをみても明らかだ。

かつては知らぬこと、今私たちの見るこのピアニストは普通の健康人というのとはちょっとちがうようだが、その彼の演奏が人を打つのは、彼が異常だからでなくて「それにもかかわらず」そこに一人の人間の全体でかかわっている劇が展開されているからである。

(1972.8.21)

グレン・グールドを見る

グレン・グールドのひいた《ゴルトベルク変奏曲》のＬＰが出た時、世界中がアッといったといっても少しも誇張ではない。あれは戦後の世界の音楽界にとって、ひとつの画期的な事件であった。

　私もびっくりし、呆気にとられた一人である。あれは、かつてきいたこともふれたこともない一つの音楽の世界の出現だった。同じ《ゴルトベルク》といっても、それまで経験してきたランドフスカとか何とかの示すバッハとはまるで違うものであった。グールドが出て、以後バッハをひくには、そこに一つの発見がなければほとんど意味がないも同然になったのだが、それというのもグールドによって、世界は、バッハの中にまだまだ知られない無限の新しさが内蔵されているのに気づかないわけにいかなくなったからである。

グールドのバッハは、かつての名人たちの重々しい権威の光輪と外衣をまとった音楽でなくて、一口にいって徹底的に知的で精密で——ほとんど繊細さと呼ぶほかないような——構造性をもつかたわら、感覚的にもまれにみるみずみずしさと、つきることのない自発性のほとばしりをもった音と精神の世界を啓示するものであることをはっきり示したのだった。しかも、グールドは、それをテンポといい、タッチ、ニュアンスといい、すごく独特な、これまでの人とはひどく違う音の流れの中で処理して見せるだけでなく——これこそ、彼の最大の魅力だと、私は考えたのだったが——彼をきいてみると、そこにあくなき知的な明確さの追求の底に、それと切り離しがたい形で、何か言いがたい「恍惚感」への指向が底流しているのである。《ゴルトベルク変奏曲》の第二十五番はその最も目立ったものだが、この一種の「神秘の恍惚感」への傾きは、耳を澄ましてきくものには、もっといろいろなところからもきこえてくるのである。

このことは、グールドが、これにつづいてベートーヴェンの後期のソナタとかブラームスとか——バッハの音楽のことはいうまでもないが——を、つぎつぎと録音するにつれて、さらにわかりやすい形で、私たちに見えてきた。ベートーヴェンの作品一一〇のソナタやブラームスの間奏曲集では、ロマンチックな抒情性の発露といってもよいようなものが、ますますよくわかってきた。パスカルのいう「幾何学的知性と

l'ésprit de finesse（洗練の感性）の結合した」演奏の一つの目ざましい典型がここにあるのではないか、と私は考えたものである。

と同時に、こういう演奏をする人は、どんなふうにひいているのだろう、一度はその演奏する姿を見たいものだと、私は考え、そういうことを書いたりもした。

その記事が、どこをどうまわったのか、カナダのある人の目にふれたとみえ、ある日全く突然、その人からグールドがカナダのCBC放送に出演して演奏している光景をとったヴィデオが送られてきた。もう何年前のことになるか。

私がそこで見たものは、以来、どうしても忘れることのできない姿だった。

演奏するこの音楽家は、それを見ているこちら側にまではっきり伝わってくる一種の陶酔感の中で演奏しており、見ている私たちもその中に完全にひきこまれてしまう。しかも、そのエクスタシーは、よく話にきく宗教的な恍惚者の場合のような苦痛とか苦悩とかいったものの影だにもっていなくて、「無心のうちに歓喜と幸福を放射する」とでもいった種類のものであった。

これは、もう、今度ソニーが出したグールドの演奏中の映像を一目でも見たら、どんな人にもすぐ感知されることだと思う。彼は、演奏を完全に知的なコントロールの下におきながら、同時に陶酔と恍惚の中に没入しきっている。そうして、そこからはまるで日の光のような明るさと幸福な温かみが発散されてきているのである。

私は、およそ、グレン・グールドよりもっとphotogèneな（写真にとられるのに適していて、その姿を見ているだけでも興味をそそられる）演奏家は知らない。CBS（現ソニー・クラシカル）がこの人をくりかえしくりかえし、というより常時ラジオからTVに出演させたのはもっともなことである。カメラの前で、彼は、自分のすべてを投入して演奏することもできたし、また「大まじめで」およそ知的でスノップなじょうだんをやってみせることも躊躇しない。そして、くりかえすが、何をやっている時も、彼は「嬉々として」いる。バッハの最高の傑作から、数ある名作群であんなに「精神的に充実した」演奏をするのと同じ人物が変装して、シュトックハウゼンをパロディ化したり、ウォートンの《スコットランド狂詩曲》でオーケストラをバックに美人の歌手と楽しいかけ合いをやって見せるなどということは、ヨーロッパの伝統の中で育った音楽家にはちょっと考えにくいことであろう。

その一方で、しかし、彼の「まじめさ」には底のないような、本人もどこまで気がついているのかわからないような不思議な気配がつきまとっていて、私は、そこに、異常とまでは呼ばなくとも、一種の「常人とはちょっとちがうもの」の躍動を感じずにはいられない。

その、異常との限度ぎりぎりのところでの不思議なものの動きの影が見えかくれするように思われるのは、疑いもなく、演奏中の彼の人並みはずれた「精神の集中度」

の高さというか深さの印象から生まれてくるのだ、と私は思う。《ゴルトベルク変奏曲》でもそうだし、ベートーヴェンの作品一一〇のソナタを演奏している彼の姿なども、その典型的な例だ。

精神の集中は、はじめから高度なのに、曲が進むにつれてさらに電圧が上がってゆく。そうして彼のあの独特のエクスタシーの状態は、フーガに入ると、ほとんど偏執的狂熱の域に達し、それにつれ、音楽も終わりに向けて、この曲でさえ、かつて経験した覚えのないアッチェレランドを造形してゆく。こんなすごい作品一一〇の〈アリオーソとフーガ〉をやってのけたグールドに、「彼のベートーヴェン後期のソナタの演奏は、正にグロテスクなカリカチュアだ」といった種類の否定的批評が浴びせかけられたとは、今となっては、信じられないことである。

グールドのつくり出す「静けさ」、あるいは「長い沈黙」にもほかに絶対にないすごさがある。最も目立つ例は、このシリーズでのスクリアビンの前奏曲作品四九の二。それからCDできくハイドン。たとえばソナタ第五八番（ホボーケンの第四六番）ハ長調と同じくソナタ第五六番（ホボーケンの四二番）ニ長調の第一楽章であろう。この二曲のソナタでは、第一楽章はどちらもアンダンテ・コン・エスプレシオーネとなっているのだが、後者のいくつもの休止符で区切られた主題、前者の分散和音から作られた主題と、その後の楽句の扱いに見る休止の長さや一つ一つの四分音符に込められた静けさは、きいているもの自身の心臓の鼓動をとめてしまうくらいの呪縛力をもっている。その音の一つ一つを追ってきいていると、ほとんど胸苦しくなるほどのおそさであり、休みの長さである。

それは、VTRで見ながら、きいている時は、映像を見る仕事に助けられ、少しは耐えやすくなっているけれども、それでも相当の我慢が必要だ。

グールドは五十歳の誕生日の直後に心臓の発作で倒れたという記事を読んだが、もしかしたら、彼の心臓の鼓動ぶりは、私たちのそれとは、かなり違っていたのではなかろうか。

こういうふうに肉体的な条件と演奏の在り方とを、簡単に結びつけてよいかどうか、私はできるだけ慎重に扱わなければならないと考えているけれども、グールドの場合は、つい、こういうことを思ってしまう。それはまた、今度のシリーズの中でマーラーの第二交響曲の〈原光〉を歌ったモーリン・フォレスターが、後年、インタヴューに答えて、「グールドは左利きで、オーケストラを指揮する時、右手と左手の使い方が、普通の指揮者の場合と逆なために、楽員たちは戸惑ったり面喰ったりしていた」という話をしているのをきいていて、私の感じることでもある。なるほど、画面で見ると、グールドの両手の使い方は、左右が逆だ。だが、私とすれば、それで指揮者としての彼の立場を考えるよりさきに、なるほど、だから彼はポリフォニーを扱ってあんなに明確な歌い方と独自のリズムの精緻さをもつスタイルを開拓したのだったか？　と思ったり、またベートーヴェンの《エロイカ変奏曲》の演奏をきいていて、彼が左手の動きの明確さに並々ならぬ重点をおいているのが気になっていたのだが、それも、彼の左利きとは無関係ではないのかなと考えたりもしたのだった。

こういった細部を一々拾いつつ書いていったら、きりがない。私はそういう仕事をするのは好きなのだが、グールドの全部で十二巻にもなるというヴィデオで経験できるものは、あまりにも多く、豊かであって、拾いきれない。

しかし、グールドの仕事はすごく密度が濃くてむだというものがほとんどなく、いつも本質的なことにつながっていたので、それを要約することはできなくはないと思う。

グールドの狂熱的なまでの陶酔感に裏づけられた作品への没入ぶり、そこに表された精神の異常な集中度の高さを目の当たりにしていると、この人は、バッハやベートーヴェンがすでに作ってしまった作品を楽譜に沿って音にしているというのでなく、他人の曲を演奏するのと自分の音楽をつくり出すのとが、二つでなく、一つになっていることを身をもって実行しているのを知る。これは音楽の在り方が、作曲と演奏との二つに分かれる前の、一つの未分の創造の世界に遡った体験をすることになるといってもいい。その場で一つ一つ音を作ってゆく彼の仕事が、新しい「第三の音楽の世界」の成立する現場を、私たちに経験させるといってもいい。私たちの目の前で、この第三の世界をつくり出している彼の姿があまりに魅惑的なので、私たちは、グールドを見、グールドをきいていると、終わりまで目をはなすことができなくなってしまうのである。

うちなるものへ——グールドの死

カナダのピアニスト、グレン・グールドが死んだ。彼は一九三二年九月二十五日の生まれ。五十歳の誕生日の祝いのパーティの席で、strokes に見舞われ、二日後入院、一週間たった十月四日に死んだ。日本の新聞には「心不全」とあったが、心臓の発作なら attack というのではないか。それに発作で倒れてから死ぬまでの経過をみると、むしろ、脳卒中とみるべきではあるまいか。ドイツの新聞には、少なくとも、Gehirnschlag で、と書いてあった。

グールドは、ちょうど二十五年前、バッハの《ゴルトベルク変奏曲》のレコードを入れた。それまで、カナダ出身の優秀なピアニストの一人という評価がもっぱらだったグールドを、一躍世界の注目の的にしたのは、このレコードの出現だった。私も、実は、これをきいて強烈深刻な印象を受けた。そうして、これほどの演奏に対し、日本では黙殺か酷評しか与えられないのにびっくりし、腹を立てて、一文を草した。私がレコードについて書くようになったのは、これが皮切りだった。

その後グールドは、多数のバッハの曲のほかにもベートーヴェン、モーツァルト、パーセル、ヒンデミットそのほかをひいて、何十枚かのレコードをつくった。その出来栄えの評価は、その時々で高かったり低かったりということはあろうが、どのレコードも、彼でなければならないようなひき方をしていたのは事実である。彼の態度は、終始一貫していた。

そのグールドが、昨年《ゴルトベルク》を新しく録音し直した。ほかにも何曲か入れたのだそうだが、とにかく《ゴルトベルク》で出発したこの人は、二十五年たって再び同じ曲を入れ、そうして、間もなく死んだわけである。このピアニストのキャリアは《ゴルトベルク》に始まり、《ゴルトベルク》に終わったといっていいだろう。

私も、その新しい演奏をきいた。彼が死んだという報らせをもらう十日か一週間ぐらい前のことだった。そのあと「二十五年の間にグールドは変わったか?」ときかれたが、彼は変わっていて、しかも、変わっていなかった。新旧の演奏を通じて、グールドは、彼の一貫した姿勢を一層押しすすめてきた結果、それがよりはっきり、そうして、より深められた形で出てきているのである。

それまでも彼は、ほかの人が早くひくところをおそくひいたり、強い音が予期されることころを弱くひいたりして、きくものを驚かせていた。また、時々は、極端に早くひいて、頭がおかしいんじゃないかといわれてきた。

そういう点は、新しい《ゴルトベルク》では一層徹底している個所がふえた。たとえば、この長大な変奏曲の主題となるサラバンドのふしは、前よりもっとおそく、これ以上はひけないほどゆっくりしたテンポでひかれているし、ある変奏は、やけに早い。そういうテンポのちがいよりもっと根本的なことは、実は、演奏が一層静かになった点だ。

「より内面的、瞑想的になった」といってもいいかも知れない。グールドを解く鍵は、ここにあったのである。

この人は戦闘的、攻撃的な芸術と肌が合わなかった。きくものの気分を刺戟し、高揚させ、劇的にゆり動かしたり、口もきけなくなるなど圧倒さすような音楽づくりを避け、その逆に、きき手の心を静め、精神をある「うちなるもの」に向かって集中させるような音楽をやってきたのだった。

前述のように、グールドは世間の常識の逆をゆくことが多かった。それをきいて同感するかどうかは別としても、少なくとも知的に受けとめる能力のあるきき手なら、「なるほど、音楽というものはああひくばかりが能でなく、こうひいてもいいのだな」とわかるはずだった。それは人間の考え方、感じ方を既成の枠から解放し、自由にはばたくよう誘う働きをもつ。だが、それだけだったら、テンポをどうきめるか、ダイナミックをどうとるかは、その時々の気まぐれや思いつきと区別のしようがなくなることになる。これまでグールドに賛成するか反対するかは、以上のふたつの事情に、どういう答えを出すかにかかっていたのである。

だが、今度の《ゴルトベルク》では、さっきいった超絶的おそさに加えて、前例のない静けさ、それから各声部それぞれの流れの透明度が一層加わったことなどに気がつく。彼の目指していたのは「音楽はどうにでもひける」のを示すのでなく、きき手を内面の世界に誘うためだったのである。また彼が恐ろしいくらい早くひく時は、薄明の中を歩いていたあと、急に何かの啓示でパッと光が射すように感じられてくる。このさき、音楽には何があるだろう？

グールドはここまで私たちをつれてきて、そうして、死んだ。

グールド没後二十年

人間の思想や行動の意味は、後で振り返ってみると、当時とは随分違って見えることがある。グレン・グールドもその一例だろう。

グールドときけば、誰しもが公開演奏を否定し、スタジオでの録音録画に専心したピアニストと考えるだろう。しかし、彼がその考えをはっきり表明したのは三十歳の誕生日の少し前で、それまでは演奏旅行をしていたのである。

グールドは一九三二年に生れ、八二年に死んだ。去る九月二十五日は生きてたら七十歳の誕生日に当るわけで、カナダ放送のFMは一日中グールド。テレビでも前日に大々的番組で祝った。私はたまたまそのヴィデオを見たが、前半は一九五七年に彼が北アメリカの音楽家として初めてソ連に招かれ、モスクワその他で演奏した時の話（演奏会自体のフィルムはないが、関係者やアシュケナージ、ロストロポーヴィチら音楽家のインタヴューをたくさん含むもの)、後半は『ゴルトベルク変奏曲』の演奏風景となっていた。それを見て、私は彼のソ連訪問がどんな意味をもつものだったかについて、改めて目の開く思いをした。

一九五七年春といえば、スターリンが死に、エレンブルクの『雪解け』が出てまだ何年もしないころ。冷戦は続き、ソ連は西側の世界にとって依然謎に閉ざされ、何やら恐ろしい国だった。そこにカナダでさえ精々新進ピアニストでしかない二十四歳の青年が送りこまれたのである。

当時の模様はフリードリック『グレン・グールドの生涯』(宮澤淳一訳、青土社)にかなり詳しい記述があり、それによると厳重な検閲の下、西側マスコミが最低限の報道しかできない中で、トロントの新聞がグールドのマネージャーのホンバーガーを特派員として特約を結び、彼は息もつけないほど熱狂に満ちたコンサートの模様を報道してきたと前置きして、でも、その記事にはモスクワ音楽院大ホールの客席は昨晩満員となったとあるが実際は新聞社の「外電デスクが手を入れたもののように思われる」と意味ありげな注をつけていた。このくだりを初めて読んだ時は、私はよくわからなかったが、その謎が今度のヴィデオで氷解した。ヴィデオに出た当時を知る人びとの証言によると、当初会場にはわずかのきき手しかいなかったのである。

「私たちはグールドといわれたって、さっぱり見当がつかなかった。その上プログラムの中心はバッハ。私たちにはバッハなんて無味乾燥で、学校のレッスンでさんざん絞られた経験はあっても、わざわざ演奏会にきてまで我慢してきくような音楽ではない！」（当夜のプロは前半がバッハの『フーガの技法』から四曲と『パルティータ』第六番、後半はベートーヴェンの『ソナタ作品一〇九』とベルクの『ソナタ』。アンコールはほとんどバッハだった）。

会場には音楽の先生ぐらいしか来てなかったとしても不思議ではなかったのである。ところが奇蹟が起こった。

ヴィデオの数々の証言によると、休憩の後は先を争ってつめかける聴衆で会場はたちまちいっぱいになった。ホンバーガーは先の引用のあと「リサイタルの終りに、ブラヴォーの声と拍手が再びホール全体に響き渡った。やがて拍手はリズミカルな手拍子に代った。これはこの国で芸術家に与えられる最高の讃辞なのである」と書いているが、こちらは本当だった。休憩中、モスクワ・フィルの団長が挨拶に来て「あんなフーガの演奏はきいたことがない」といったのは作り話ではあるまい。

またヴィデオの証言に戻ると、休憩になるや否や、人びとはさっそく知人に電話をかけまくり、それがまた口から口へと伝えられた結果、ホールには続々聴衆がつめかけたのである。

なんとおもしろい話だろう。初めは好奇心にかられ退屈覚悟で坐っていた客がバッハを――それも『フーガの技法』ですよ!――きいただけで即座に認識したのだ。これまでみたことのないような低い椅子に坐って猫背の奇妙な手つきでバッハをひいている青年が全く特異な、しかし純一無雑な天分を放射する音楽家で、バッハの再認識に導いていった、と。この劇的な変化はまたモスクワのきき手たちの質の高さ、判断力の確かさと感受性の鋭敏さの証明でもある。私はここに、そういう人びとが閉ざされた社会に住む時、本当に新しいものに接した場合、どう反応するかの一つの顕著な例を見る。

マスコミの報道が異常に制限され統制されていた土地では口コミがどんな力をもつか。そのことは、私は一九七一年ベオグラードにいった時、ガイドの女性から「私たちは新聞や放送の報道は信じない。確かな情報はバスの中で口から口に伝わってゆく囁き声から得られるのです」と教えてもらったのを覚えている。

それにしても、グールドのバッハには特別の力があった。当時だってソ連にはフェインベルク、ニコラーエワといった高名で優秀なバッハひきがいたわけだが、この人たちのバッハはどちらかというとロシア・ロマン派の跡をとどめたひき方なのに対し、リヒテル(彼がわざわざグールドを楽屋に訪ねた写真が残っているほか、モンサンジョンの『リヒテル』にもこのソ連の巨人がカナダのピアニストによせた関心の深さは出ている)、それから特にガヴリーロフ、アファナシエフら若い世代の受けた啓示、刺激は否定できまい。
ヴィデオには作曲家の証言もあった。グールドが音楽院でシェーンベルクらの曲をひき、論じていたのだから当然である。私はその聴衆の中にシュニトケやグバイドゥーリナの顔を思い浮べてしまった。察するに、グールドの出現はソ連のある人たちにはそれまでと一味違う自由の味の舌触りの経験となり、新しい出発への促しの働きをしたのではあるまいか。

(2002.11.25)

グールド再考

一九五〇年代の後半、グレン・グールドの『ゴルトベルク変奏曲』のＬＰをはじめてきいた時、私はその新鮮なアプローチにいっぺんにひきつけられた。桁外れに風変りなようで、その裏に厳しい定則性を感じさせ、乾燥している半面あふれる詩情があり、何か途方もない演奏というほかない。しかし専門家の大半はどうやら否定的だったらしく、おかげで私まで何となくうさんくさい目で見られたものだ。だが、以来何十年もたち、グールドも死んでしまったが、彼に関する本はいまだにあとをたたず、最近も二冊出た。

グールドの演奏を恣意的できくに耐えないと考える人が少なくない一方、比類のない魅力を味わい、その原因を知りたいと思う人も多い。そこには極端に対立する反応を生む強烈な訴えかけがあるわけで、それが彼をめぐる本や研究が今でも書かれ読まれる原因ともなるのだろう。その中で人間グールドの生涯、生き方といった面を伝えるものはもうかなり出ている。最近のピーター・オストウォルド著、宮澤淳一訳『グレン・グールド伝』（筑摩書房）もその一つで、この著者は精神医学者で、かつ自分でもヴァイオリンをひく音楽通である。その人がある日以来長年にわたりグールドと親しく交わり、極度の人間嫌いでみだりに生身の姿を現さないので有名な人をごく身近に知る立場にいた。

純粋に伝記的な点ではさほど新しい資料は多くないようだが、対象が対象だけに同じものを見ても専門家としての観察の綿密さと記述の厳密さがあり、それが本書の価値を高め信憑性を増す。もう一つの特徴は精神分析的解釈が随所にみられる点である。特に極端な偏向を示すグールドの対モーツァルト観とその音楽の扱いをめぐって、そこにグールドの「神童性」に誰よりも早く気づいた母親の、この二人の間に特殊な結びつきが生れないよう配慮していたらしい形跡が、専門家らしい慎重なタッチではあるが、ヒントされているのに気づく（私は全くの素人なので当否はわからない）。

もう一冊のケヴィン・バザーナ著、サダコ・グエン訳『グレン・グールド演奏術』（白水社）は画期的な著作である。著者のやっていることは題名通りグールドのピアニズムの研究なのだが、それを彼は細部の細部まで徹底的に、そうして音楽の実際に即して具体的に追求し、かつその意味、価値を考えつめてゆく。日本でも時にはごく微細な点まで突っこんでゆく研究は見かけるが、そこで終ってしまい、あとに広がらず一般性に乏しくなるのが大半なのに、この著者の筆はグールドという稀代のピアニストの独創性はどこにあったか、その魅力と長所、逆にその欠陥と考え違いが、どう働きどういう結果を生んだか、またその全部を含めてグールドが音楽の演奏ということにどんな新しい貢献をしたか、それは芸術思想の歴史の中でどう位置づけられるか等にまで及んでゆく。

バザーナはグールドは音楽を楽譜の中にでなく、楽譜を通じて演奏者の内心に喚起された音の構造の中に見ていたと指摘する。彼はこれをドイツ観念論哲学からロマン主義音楽論を経て、ベンヤミン、アドルノからさらにサイードらポストモダニストたちの系譜につながるものと見、グールドの考え方には特にアドルノとシェーンベルクが重大な影を落しているとしている。

彼にいわせれば、この演奏の出発点としての内心の音楽像の構築こそグールドの演奏の桁外れの自由と密接につながるもので、「音楽作品は演奏とは別に存在すると信じていたグールドは、演奏における音楽の輪郭（つまり音楽がどう〈聞こえるか〉）は個々の演奏者による解釈の目的のひとつにすぎず、作品に不可欠な部分ではないと考えていた。――グールドにとって〈スコア〉と〈作品〉は同一ではなかった。――それは真に記譜と考えられるものだけが（つまり計量的に明確にできるものだけが）、作品を明示できるとする態度である。そして真の記譜とは何かといえば、音高とリズムである」。

したがって、グールドは音の高さと長さでは楽譜に忠実だが、あとは彼の内心の音の講図に従って変更しても許される。そうやっても、作品自体はもともと演奏と別に存在するのだから、何ら傷つけられることなく存在し続けられるというわけである。

これは――私の予感では――とてつもなく大きなものを生むかもしれない指摘である。井上道義氏はあるところでチェリビダッケがオーケストラの楽員を前に「楽譜の中なんかに音楽はない！」と叫ぶのをきいた話を書いていた。またフルトヴェングラーの指揮にほとんど信仰にも似た絶対的信頼と評価をよせる人は、かつてのリヒテルや丸山真男のように世界中に大ぜいいる。これも私見では、人びとが彼の指揮するベートーヴェンやブラームスの中に、楽譜に忠実な演奏でなくて、バザーナのいうグールドの理想主義観念論に裏づけられた「内なる音楽」が鳴り響くのをきいているからではないか。

もちろんこの三人の音楽はみんな違う。そうして三人が三人、その演奏には相当の出来不出来があり、「とてもついていけないもの」もあった。だが、音楽を楽譜の中からとり戻し、真の姿に解放しようとする演奏者という考えとその実践は、いま閉塞状態に陥っているクラシック演奏の現状を未来に向かって切り拓く力となりうるかもしれないではないか。グールドはバッハであろうと誰であろうと楽譜通りひくとは限らない。バザーナのあげる例は数えきれぬほどあり、そのすべてが一考に値する。でもここではその全部に触れられないし、第一これは具体的な音の上の出来事である。なかから一つ拾うと、ベートーヴェンのソナタ作品一〇の二の第一楽章。展開が終って再現に入る箇所で作曲者は突然ニ長調というとんでもないところで主題を出す。そこでグールドは作曲者の指示が全くないのに目立っておそく、しかも*pp*（ピアニッシモ）でひき出すという離れ業を敢行する。神聖なベートーヴェンのテクストに加えられた蛮行。しかし彼の演奏からは展開部の烈しい雨風のあと突如として晴れ上がった空遥かに浮ぶ虹のような音の橋がみえてくる。そのノン・レガートの鮮やかさと詩味の一体性……。

　バザーナはこう書く。「グールドのノン・レガート奏法には独特の緊張感があり、きき手をつり込ませる。――この緊迫感はレガートよりはるかに力強く、含蓄がある。ピアノで弾くレガートは朗々と響くかもしれないが、同時に平凡でもある。――グールドのノン・レガート奏法では、明瞭さは神秘性の源なのだった」と。

　この本はグールドのピアニズムの独創性を語って倦《う》むことを知らないし、私もくり返し読み、そのたび新しい発見に出会う。楽譜が苦手な人にはＣＤがついているが、原文の論理のみか真理まで日本語に置きかえた訳もよい。

グールドの発展の跡は一九五五年と八一年の二回録音した二つの『ゴルトベルク変奏曲』の中に集約的に見事に出ているが、それで彼は何を私たちに語っているのか。「芸術の目的とは、一時的にアドレナリンを分泌させることではなく、生涯をかけて徐々に驚異と静穏の状態をつくり上げていくことである」（グールド、一九六二年）。

（2000.10.31）

演奏二態

　グレン・グールドにいわせると、演奏者には二種類ある。一方は楽器を自分の利益に利用するタイプで、聴衆の注意が奏者と楽器の関係に向けられても平気。もう一方はその逆で、どんなひき方をするかなど大した問題ではなく、ひき手と曲との間に切っても切れぬ関係があるような幻想をつくり出し、聴衆が演奏より音楽そのものに専心するのを助ける。演奏の上手下手、楽器のすばらしさなんかでなく、聴衆の関心は専ら音楽に内在する形而上的な特性に集中することになる……。

　これは先月紹介したケヴィン・バザーナの『グレン・グールド演奏術』（サダコ・グエン訳、白水社）に出てくるもので、それ自体は別に目新しくなく、私だって今まで考えないわけではなかった。しかし音楽をきいていて、自分が演奏の何に感心し、どこで感動するか、反対にどういうことで退屈し、つまらないと思うかを改めて意識化するよう働きかける力をもつ発言だと思った。

普通の人には考えられないような手腕を発揮して聴衆を驚嘆させたり、この世のものとも思われぬ音を出してきき手をうっとりさせたりする人たち――グールドはその例にパガニーニやリストといった伝説的存在、あるいは「現在の超人的テクニックの持ち主といわれる何人か」をあげ、第二のタイプに入る人として「スヴャトスラフ・リヒテル以上によい例はないと思う」と書いている。聴衆がどちらを好むかは個人差もあり、それぞれの国の文化伝統の違いにもかかわる。たとえばアメリカには人間業とも思えない名人芸に熱狂したり、複雑な楽譜の一音といえども間違わずひく完璧性を何よりも高く評価する気風があるように思う。

先日も「アート・オヴ・ピアノ」（NVCアーツ）というヴィデオが発売されたが、これなどいまいった事情をよく伝えている。それぞれの演奏姿が短く、曲がこまぎれになりやすい点があるが、それでもホフマン、ラフマニノフ、ホロヴィッツからリヒテル、グールドに至る「世紀の偉大なピアニスト」全十八人がつぎつぎ登場、至芸をふるうさまは壮観といっていい。

だが、ずっとみてゆくと、グールドのいう二種類の演奏家のタイプが製作者の意識の中でごたまぜになっていることに気がつく。特に世紀の初めごろのパデレフスキ、ホフマン、モイセイヴィチからホロヴィッツあたりまでは正に鍵盤の魔術師というようにふさわしい名人たちの曲芸的妙技がみられ、その合間に華々しく盛装した男女の熱狂ぶり、歓呼の嵐などのシーンが挿入されていて、いかに当時は演奏会が音楽的行事であると同時に、社会的あるいは社交的出来事だったかを示している。

こういう沸騰する熱狂の空気は楽器を自分の利益に役立て、どんな人間離れした演奏をみせるかが演奏家の関心の焦点になったのも自然の勢いというものだろう。その上、この超人的名演が一点の狂いもない完璧性をもっているということになると、そこにうっかり近づけないような「何か」が生れてくる。このヴィデオの中でコメントしている一人が「よく完璧な演奏などというが、そういうものはとかく冷たく退屈な演奏のくり返しになる危険がある」といっていたが、的を射た言葉で「すごくうまいが、ぞっとするほど冷たい演奏」もこの中にはある。その一方で、ラフマニノフの不機嫌そうに突っ放したひきぶり、バックハウスの地味で渋いやさしさ、コルトーの詩人肌の香りなどは別世界の話に見えてしまう。

グールドやリヒテルがアメリカで演奏したがらなかったというのも個人的好みだけでなく、以上の事情も働いていたろう。リヒテルは演奏姿をテレビなどにとられるのは大嫌いだった。モスクワでベートーヴェンをひくのをテレビに収録放映されたあと、こう書いている。

「こういう放送には断固反対だ（これが本物の映画だったら別だが）。それで、このソナタを聴いて（そしてああ、見て）私は完璧に寒気がした。映像は聴くことを妨げるのだ。そして見ることには何の面白みもない。何かひとつのことをすること、そしてそれをとことんするというのが自然なのだ」（『リヒテル』ブリューノ・モンサンジョン編著、中地義和・鈴木圭介訳、筑摩書房より）。これは驚くべき本で、特に本書の三百ページ近くを占める「音楽をめぐる手帳」という部分は彼が自他の演奏の記録やその録音をきいて書いた感想、批評を録したものだが、その内容の高さ、つっこみの鋭さ、深さ、すごい読み物になっている。それにこれは彼の生きた時代の記録としても大切だ（唯一の論文「プロコフィエフ論」も出色の出来である）。

テレビ放送は何もアメリカに限った話ではないが、今の言葉はリヒテルの関心がグールドの指摘した通り、ひたすら音楽に集中していたことの証でもある。それに彼は、あの見事な技術をもってしても、考えもなく、やたらと同じことをくり返して演奏したために無機的な単調さに陥り、音楽を見失うことを極度に嫌い警戒していた。「コンサートというものは、不意打ちでなければなりません。特別な何かを待ちうけなければならないと聴衆に予告すれば、新鮮さはすっかり失われます。聴衆が聴くことを妨げるのです。」彼が晩年会場を暗くしてひいていたのもこのためらしい。「自分の頭から音楽とは関係のない一切の思念を取り払うとともに、聴衆が演奏家より音楽そのものに集中できるようにするためです。ピアニストの手や顔を眺めて何になるでしょう」（同書）。

しかし楽器を自分の利益に使う名人たちには、きかれるだけでなく、眺められることも必要、いや不可欠のことだし、聴衆がこのテレビや録音録画の発達した時代に、わざわざ高い金を払ってコンサートに集まってくるのも、名人の腕が、指が、足がどんな音を出すかをみたいからだ。

私個人としてはこの両方にそれぞれ理屈があり、利点があると思う。ホロヴィッツをききながら、あの独特な生物的発散物に接するのは楽しくもあった。しかし、音楽にふれる上でより創造的生産的で長続きする喜びを与えてくれるのは、グールドのいう第二のカテゴリーの音楽演奏家ではないか。これは作品についてもいえる。ベルリオーズ、ラフマニノフその他の特定の楽器の性能を極限まで拡大深化した曲を書いた人たちのいる一方で、狭い素人臭いピアノの使い方しかなかったシューベルト、あるいは楽器をいろいろ換えても、いつも生命の漲る音楽を書いたバッハがいたのは本当にありがたいことだ。

ある時メンデルスゾーンの音楽をきいたリヒテルはこう書く。「彼にはある種のモーツァルト的完璧さがあり、それがきくものを肯定的でかつ幻想的な気分にしてくれる。しかし、それがあたかも当り前であるかのように、そうした慰安に身を任せすぎるのは危険である。本当を言えば、そういうものには抵抗する必要があると思う。大事なのは、天賦の才の単純な帰結としてある喜びではなく、むしろ才能ある音楽家の激しい知的労働の帰結としてある喜びなのだ。」

（二〇〇〇年十一月二十八日）

演奏の「違い」について

グレン・グールドの演奏している夢をみた。実際に彼がピアノをひいている姿をみたのか、音だけが聞こえてきて、そこに彼の姿もみているかのような気持ちがしているだけなのか、そこははっきりしない。

はっきりしているのは、彼がシューベルトの最後のピアノ・ソナタ、あの変ロ長調のソナタをひいていることだ。ききながら、私は考えていた。「グールドがシューベルトをひくなんて話はきいたことがない。しかも選《よ》りによって、このソナタを」と。

グールドはソナタの初めをとてもゆっくり、じれったくなるくらいゆっくり、そうして小さな小さな音でひいている。それをききながら私は、そのうち——誰でもやるように、たとえばスヴャトスラフ・リヒテルでもやるように——だんだん少しずつテンポをあげ音量もあげていって、烈しいフォルテの丘をつくるのかしら。と、半分は期待し、半分はグールドのことだからそうはひかないのじゃないか。では、どうするのだろう？と思ってきいている。ところがちっとも変らないのである。主題をくり返したあと、変ト長調に変って左手が十六分音符で小刻みに伴奏する時——そのあと三連符の和音を連打しながらクレッシェンドしたあと、主題がまた戻って来た時——になっても、左手は気ぜわしそうに三連符になって、それを支えるわけだが、そうなってもグールドは平然として、はじめにひき出した通りの小さな音とじれったいほどゆっくりとしたテンポを、そのまま続ける。

こんな調子でひいていたら、全曲終るのに何分かかるだろう？　それに、グールドはよくくり返しを省略しちゃうけど、それではこのソナタの第一楽章で、あの不思議な謎みたいな左手の低い変ト音のトリラーをどうするのだろう？

まさかブレンデルみたいに、あれを省略して、涼しい顔をして展開部に入ってしまうなんてことにはならないだろうが……。

そんなことを考えながら、私はきいている。しかし、夢はそのくり返しをするかしないかの問題が出るよりずっと前に終ってしまう。そういえば、きいている最中だって、私は自分で自分が考えていること——今書いた、実際にきいていること——よりそのさきをどうなることかと案じているのを、意識していたのであって、それが果して夢の中のことか、それとも、もうそこから出てしまったのか、その区別もつかない状態に入っていたのである。

そうして、グールドのシューベルトをきく夢をみるなんて、話が少しうますぎたな。これでは終りまできけなかったとしても仕方がないと、今度ははっきり、考えの世界に目覚めていた。

しかし、聞こえるかきこえないかのピアニッシモの、そうしてひどくおそいテンポで、いつまでも続くシューベルトのソナタのかもしだしていた音の世界は、目がさめてからも、そのまま、ずっと続いていた……ずいぶんしばらくの間。

グールドは出だしのテンポとピアニッシモを変えたくないというより、一つの音楽はその中でやたらテンポやダイナミックを変えるべきではないという信念でひいていたみたい。

そう考えていたとしたら、ヴァイオリンが何十小節も果てしなく同じフィグールをくり返しひき続ける終楽章をもったシューベルトのあの長大なハ長調交響曲とか、あるいは逆にごく短い曲ではあるが、しかしこれまた同じ分散和音か音階がくり返しくりかえし出て来ることでつくられている「即興曲」だとか、こういった曲でき手をどうおもしろがらせてくれたか。それを想像することは、私には、実際に誰かれの演奏で同じ曲をきくよりもっと楽しい体験になる。

それに、グールドが信じ、実践もしたであろうような録音の機械操作の限りをつくしたら、彼は自分でひかなくとも、「そういうシューベルト」を作製することだってやれなかったとしても、こう考えてみることは理屈の上では可能だったろう。あの作品九〇の『即興曲』の第四番なんか、同じ分散和音を何回も何回もくり返して出来てるようなものなのだから、そうむずかしくもなかったろうに……。

　こんなことを書き続けるのが少々ばかげているのは、私も承知している。

でも、私は一方ではグールドのシューベルトを想像するというのは、そう悪い思いつきではないような気がすてきれないのと、それからもう一つは、ＣＤによる音楽演奏の記録とその無限の複製の可能性の発達は、数えきれないほど大ぜいの音楽のきき手に計り知れない喜びや慰めを与える結果になったのは疑いの余地がないことだとしても、その一方で、きき手の創造的想像力に枠をはめてしまうという働きもあったのではないかと考えるからだ。

　それの対策というわけでもないけれど、私たち、時々は、ＣＤをめぐって気ままな想像をしてみるのも悪くないのではないか。

　レコードの雑誌では、よく名曲名盤をめぐって特集をやったりする。そんな時は、ベートーヴェンの『第九交響曲』というと、フルトヴェングラーの指揮何とかフィルハーモニーの演奏とかいった盤が出てくる。これなど、何回どこでやっても、まずは同じ結果になるのではないか。しかもこれは日本だけでなく、世界中どこでも見られることだろう。私はそれに異議があるというのではない。でも、そうなると、ほかの人は何をやったのか、何をやっているのか、という疑問が浮ぶ。

フルトヴェングラーの『第九』は、私も一九五四年バイロイトできいた。そうして、とても感心した。前に書いたこともあるけれど、特に第四楽章で、初めの器楽で例の「歓喜によす」の旋律が出てくる時、聞こえるかきこえないかの遠いかすかな音が耳に入り、それがくり返されるたびに、だんだん大きくなり、大きくなるにつれて少しずつはやくなり……といった経過を辿って、ついに目の前に現実の姿となって立ち現れるように響いてくる。その時、きき手の覚える「喜び」は、音でありながら、本当に手でつかまえることのできる何かみたいなものになるのである。きき手は長い間、待ち望み、憧れていたものが本当のものとしてここにあるということを体験する。

こんなことは、初めてだったので、私はひどく感激した。

それは、今だってフルトヴェングラーできくと、実感することができる。そう感じるのは私だけではないのだろう。だからこそ、彼の指揮の『第九』は、いつ、どこでだって、多くの人びとに特別のものとして高く評価される。

でも、これに似たことは、ほかの人も、多かれ少なかれ、やっているのである。ベートーヴェンのスコアをみれば、同じ旋律は初めアレグロ・アッサイの p でチェロとバスで提出され（ほかの楽器はみんな休み）、そのあとくり返しを重ねるにつれ、ヴィオラとファゴット、それからヴァイオリンといった具合に楽器がふえ、クレッシェンドしてはpといったことも反復しながら、そこに第一ヴァイオリンが参加し、ついには全ての楽器がfでもって力強く唱和するといった具合に書かれているのだから、その通りやれば、こうなっても不思議はないのだ。ただ一点、クレッシェンドを重ねるのにつれて、テンポも少しはやめられるという点だけは、ベートーヴェンのスコアにはないのだけれど。

でも、まあ、誰がやっても大差はない。それがどうしてフルトヴェングラーだけが、あんなに感激さすのか？

「それは、ここがこうだ、あそこがどうだ」といって、こまかい違いを指摘して、「だから、かくかくの演奏は良い」とか「悪い」とかいう話が生れてくる。

でも、もっと大きなところでの違いはないのか。

こういえば、いや、アーノンクールならどう、ガーディナーはこうという話にもなるかもしれない。でも——以下、話を少しはしょるけれど——それにもかかわらず、『第九』といえば、ガーディナーとかバーンスタインとかいう話にならないのはなぜか？

私も自分の経験でいうと、フルトヴェングラーと基本的なところで違うのは、これまで、クレンペラーでしか味わったことがない。これも前に書いたが、いつか、クレンペラーできいた第一楽章は本当に荒涼たる孤独の風景みたいに鳴っていた。クレンペラーは……要約していうとfとpの区別は際立って聞こえるが、その中間がほとんどない。音量だけでなく、テンポに関してもそうで、はやいとおそいがあっても、中間がない。

しかし、それがどうして、こんなに寒々とした、荒涼たる風景になるのかは私にも説明ができない。しかし、これはフルトヴェングラーにもなかったことだ。ベートーヴェンは全く孤独で、ひとり震えて立っている。その彼には、絶対に人間の暖かみが必要だった。「歓喜の頌歌」はそういう背景から生れたのであって、理想主義的な人類愛などといった抽象的観念的思索の結果なのではない。

これは、私がそう思ったというだけのことかもしれないけれど、とにかく、これは私にはフルトヴェングラーのほかに、もうひとつの『第九』として屹立している演奏だった。

ギュンター・ヴァントは何かのインタヴューで、『第九』のことをきかれ、あれは第一楽章はよいけれど……と答えていた。それを読んで、「もう少し、つっこんできけば」と思ったが、そのさきはあんまりはっきりしなかった。彼は何を考えていたのだろうか。

私は、音楽の作品には、演奏の数ほどの解釈の余地があり、したがって同じ曲でもひく人によってそれぞれ違いが出てくるということを、一方ではその通りだと考え、しかし、その割には、違った演奏というものは少ないものだなと痛感する。つまり、違っているかもしれないが、だからどうだ？と、ききかえしたくなるような演奏が山のようにあると思う。

グールドのシューベルトなんて夢想にしかすぎないが、彼があのソナタをひいたら、どうだったろうとは、夢のあとでも、しばしば考える。だから、あの夢は忘れられず、私の頭に残っている。

グールドのバッハ、ことに『ゴルトベルク変奏曲』。あれは文字通り革命的な演奏だった。あのあと、数えきれないほどのピアニストたちがこの曲をひき出し、CDもやたら増えた。ピアノだけではない。チェンバロでの演奏、あるいは弦楽によるものさえCDになった。その全部がグールドの影響とはいえないかもしれないが、しかし、グールドに刺戟され、「ハッと目がさめた」といった感じの演奏もかなり目につくのは事実である。

リヒテルも、かなり競争心をかき立てられたのではなかろうか。公開の席でひいたかどうかは知らないが、以前にもふれた彼の『音楽をめぐる手帖』の中には、誰かの演奏にかこつけて、「自分もひとつやってみるか」という意欲をみせた一文があった。

やったら、よかったのに。

私もこのごろは、とかくほかの音楽があんまりきく気がなくなってきていて、結局きくとすればバッハのCDに手をのばすということが多くなった。先月はヒューイットの名をあげたが、今月はロシアのこれも女性ピアニストのマリヤ・グリンベルクのひいたバッハの『四つのデュエット』(BWV 802〜805)をきいて、楽しんだ。彼女は実にきれいな音で、いつも二つの旋律しか持っていない四つの小品を扱って、何度くり返しきいても飽きない音楽を鳴らしたり歌ったり響かせたりしている。もちろん、曲も、考えようによっては『音楽の捧げもの』や『フーガの技法』にそう劣らないほどの名品だ。単純な音階から始まったカノンやインヴェンションみたいな小品でありながら、何というか宇宙的な秩序をもった音楽にまで通じてゆくものにしている。一九四八年の録音らしいが(だからグールド以前の話だ)、ロシアではそのころすでにこんなに清らかで主知的で、しかも随所にしたたるような情趣を湛えたバッハをひく人がいたのだ。これは、たとえばニコライエワのひくバッハの微温的ロマンティックな『平均律クラヴィーア曲集』とはずいぶん違う。

私はグールドのような人はほかに知らない

　グレン・グールドは一九八二年十月四日、五十歳で死んだけれども、見方によっては、まだ完全に死んだわけではない。彼に関する本は今なおつぎつぎと出てくるし、世界中にいる彼の読者の数は減るどころかますます増えている。それにもちろん、彼の演奏を記録したCDやLDは依然として発売され続けている。つまり、彼の仕事はまだ意味を失っておらず、彼が生きていた当時に劣らないほど、生きているのである。

　グールドは自分を「物書きで作曲家でキャスターで、その合間にはピアノもひく人間」と定義したがっていたようだ。それはそれで全く当たらないというわけではなかったが、実のところ、順序が逆で、彼は何よりもピアニストであり、しかも、ほかに類をみない魅力をもったピアニストであった。そのピアニストとしての在り方が、ラジオやTVの番組にキャスターとして登場する結果に導き、そのことが、彼を、さらに、「文章を綴ったり、さかんに対話したり、時には作曲や指揮にまで手を拡げることもある人物」にしたのだった。

グールドは、ほかに比べる存在のないほどのフォトジェーヌな――映像的に把えるのにピッタリの――音楽家だったから、彼の演奏をとった記録は、映像的に見ても音響的と同じくらい魅力にあふれたものになった。それと同じように、彼は音楽とその演奏に対する鋭いクリティカルな意識をもっていたので、「自分がいま何を、なぜこうやっているか」について明確に語っておくことに、大きな喜びを覚えずにいられなかった。それに彼の知的好奇心は、自分と自分のやる音楽にだけ限定される性質のものでなく、自分のおかれた時代と環境、特に科学技術の驚くべき――あるいは恐ろしいほどの――発展の過程にある社会との関連で、自分の仕事の意味をみつめ、対応してゆくことを、最後まで、やめなかった。その意味で、彼は――少し小さいけれど――現代のレオナルド・ダ・ヴィンチ的存在といえないこともない。

グールドのすばらしいのは、一見病的なくらい偏執症的一面性の人間のように見えながら、実は、その反対だった点にある。特に頭でっかちの理屈の勝った人間では全然なかった。彼の生き方、仕事の仕方は、知・情・意の全体に裏づけられた全身的全霊的な在り方であり、行動だった。

彼が早いころからコンサート・ピアニストであることをやめて、スタジオで電気録音装置にとりかこまれ、それを駆使する技師たちを同僚として一緒に仕事をするピアニストに転進していったのも、コンサート・ホールでの演奏家の仕事にあきたりなくなったというだけでなく、町から町に旅行しながら、冷たい楽屋とステージの間を往復し、毎日、全く見知らない不特定多数の人々にとり囲まれて、音楽の精神的感覚的メッセージを発信し続けることに、ゾッとするような非人間的なものを感じ、それが生み出す疎外感に耐えきれなくなったからに違いない。

グールドもピアニストだったのだから、大勢の人々にきかれ、見られることが頭から嫌いだったわけではあるまい。ただ、彼がピアノをひくのは、知的感覚的感情的メッセージを伝えるためなのだから、その発信に従事している間は、誰にも妨げられたくなかったし、目的としている音響を手に入れるために必要な装置と技師のいる環境で仕事をするのは不可欠の条件だった。

でも、スタジオでピアノをひいているグールドは、何と自由な存在だったろう‼

あらゆる映像的記録は、疑う余地のない鮮明さで、それを告げている。そうして、これは見るものをひきつけ、すべてを忘れて見入っているほかない魅惑にみちみちている。その中で、くりかえすが、彼は絶対的自由をエンジョイしていた。これは最高度の芸術というものが、いかに人間をすべての束縛から解放し、自由なものにするかを余すところなく示している。しかも、一方スタジオの中の彼は、そういう自分の姿が「みんなに」見られることになるのを充分に意識していたのだ。

一度、この映像を見たものは皆知っている。彼は、特製の低い椅子を用意し、古いスタインウェイでしか、ひかなかった。それはこの楽器の特有の響きを愛したからだけでなく、楽器それ自体がすでに輝かしい響きを出さずにおかないという在り方を拒絶して、彼が自分で作り出し、操作し、統御できる音で「音楽すること」を目指していたからだろう。だから、私たちは、もしも彼が映画監督だったら、「美人女優」は使わなかったろうし、指揮者だったら、ウィーン・フィルとかベルリン・フィルのような優秀な交響管弦楽団を選んで演奏するのは避けたのではないかと想像できる。

グールドは、そのピアノで生み出した音を「二トラックのものをとるのに八トラックを使い、二本ずつ組になったマイクを四組、つまり八本用意した上で、幾回もとったテイクの中から、取捨選択しながら、自分の目的により適合するものをつくっていった」といわれているが、そういうことがわかっても、グールドの演奏をきく条件がよりよく整うわけではない。ピアノに向かって、座り、演奏している間の、彼の顔の表情、身体の動き、肩、腕、肘、手、指の動かし方、音を出している間もよく口を動かしてリズムを刻んだり、歌ったり、唸ったり、自由になった片手をもう一方の手を指揮しているように動かしたり、あるいは高くかかげて、まるでヴィブラートをかけるみたいに小刻みに震わせてみたりしている有様の全部の中から、私はこの稀代のピアニストが、外見上は全くの孤立した状態で、音楽の中に没入し、我を忘れて陶酔しているようでありながら、実は、孤独どころか音楽の魂とでもいいたいものと深い全身的対話を交わしているのを見ないわけにいかないのである。彼の演奏は、ロマン派音楽の「自分を忘れ、より大きなものの中にとけこみ、一体化してゆく恍惚境の実現」というのとは、似ていて、実は違う。

彼は「何か」と対話することをやめないのだ。グールドにとっては、スタジオの中で孤独になればなるほど、ますます、「対話」に熱中する条件が整うことになる。それが、私をひどく、惹きつける。

彼が対位法的音楽――いうまでもなく、彼はバッハの中に、その頂点を見ていた――を好んでとり上げ、そこで最高の芸術を実現していたのも、対位法の音楽は単一の核心から生まれながら、つぎつぎと「自己である他者と」対話を重ね、それを通じて、成長し、完成してゆくのを生命としているからではなかったろうか。純粋に二声の楽節をひいているのをきけば、いかに彼が、その二声を、それぞれハッキリと識別し、認知できる個性をもって運動するように扱っているかは、どんな初心のきき手にもわかるはずである。

グールドがモンサンジョンを相手に、自分の考えを音にして見せる光景を見ていても、いかに彼がインタヴュアーを通して、その奥にいる――つまり話題の対象になっている音楽と対話し、場合によっては、互いに歌を歌いあって、仲よく交歓しあっているかがわかる。

前にも書いたことがあるが、ピアノをひくグールドを見ていると、彼がすでに何回、何十回、いや何百回もひきこみ、覚えこんでしまった音楽をまたひいて見せているというよりも、今、私たちの目の前で、彼が(バッハの霊に導かれながら)鍵盤から音をとり出してきて、音楽をつくり出しつつある、という臨場感を得る。私たちは、グールドを通じてバッハの音楽が今新しく誕生しているのだという逆説的真実に立ち会う。

グールドは、一方で限りなく演奏に没頭し、天と地の間で自分ひとりしか存在していないかのような忘我の状態でピアノをひいているような印象を与えると同時に、私たちは、この人物の意識は非常に鋭く冴えていて、一つ一つの音と、同時に流れる幾つかの歌を歌っているのを知るのである。

彼の演奏――特にバッハのすばらしさ。私は《ゴルトベルク変奏曲》をはじめてきいた時、電撃的ショックに近いものを受けたけれど、あれは何だったのだろう? 今では、心の高ぶっている時は和らげられ、落ちこんでいる時は慰められ、どちらの時も、心がきよめられたという感触をもつ。

限りなく純粋な音の流れでありながら、グールドには、何をひいていても、はっきり歌う心の裏づけがあり、それがきくものの心に呼びかけ、心の中から何かの力を呼びおこす。

グールドが何をやり、何をしゃべっていても、私はそこに思辯的抽象的な冷たい男とか、ひとりよがりの偏屈な人間とかいう感じを受けない。それどころか、彼の笑顔、彼の笑いには、演奏と同じような独特の魅力がある。生前の彼を知る人の中には、彼を近づき難い変人、時には精神的に異常な人のように言っている例がある。たしかに彼は人を驚かすのは好きだったらしい――それは彼の書いたものを読んでも、しばしば感じられる。しかし、それを変人と呼ぶのはどうか。どうもピンと来ない。

私はグールドのような人はほかに知らない。

グレン・グールドとは何か

このごろ、僕はどんな仕事をするときでも、できるだけ本質的なものに限り、そうでないものは切り落としてしまいたいという気持がどんどん強くなってまいりました。それで原稿の注文がきた場合、先方から何枚という指定があると、「でも最少限度何枚書けばいいのか、それ以下だと困るというぎりぎりの枚数をいってくれ」といって、それでもよければ引き受けることが多くなりました。

ところが、そういって引き受けておきながら、いざ書いてみると長くなりましてね。それであわてて電話をかけ「このあいだ最も短い限度をきいたが、逆に、長いほうの限度も教えてほしい」と頼む羽目になる。こんなこともよくあるのです。

きょうも、どうせ僕の役目は、グレン・グールドの映画の前座をつとめることにあるのだから、「グレン・グールドとは何か」という本質だけを手短に話して、そのあと皆さんといっしょにゆっくり映画を楽しみたい。そういった気持で、お引き受けしたのです。しかし、原稿を引き受けたときと同様、もしかすると、少しずつ話が長くなるかもしれない。それでも、僕の気持としては、あくまでも話を根本的なことだけに限ってやるつもりでいるのですから、どうぞ、その点をよろしくご了承願います。

ところで、ここにお集まりの方々は、みな、グレン・グールドについて、ある経験、ある考え、あるイメージをおもちの方ばかりと思いますので、彼が何年に生まれ、どこで勉強し、どんなデビューぶりを示し……といった話は、全部省略さていただきます。

しかし、そういう方々にとっても、これからみる映画は、大いに楽しめ、何かしら大切なものを与えることができると信じます。と申しますのも、この映画が示しているものは、グレン・グールドを理解するうえで、最も根本的な点であるからです。

従来、グレン・グールドについてはある種の偏見があり、彼を本当に知るうえで邪魔になっていました。それを、この映画はぬぐいさるうえに大いに役に立つ。

それは何かといいますと、ここには、グールドの素顔がみられるのですが、それを見れば、この人が、何をしていても、四六時中、音楽のことばっかり考えていた人であり、それを中核として生きていた人物だったということがはっきりわかるのです。

あの人は、いろんな変わった癖の持ち主であり、いわゆる奇行の士だったらしい。

そのことが、彼の演奏と無関係かどうか、それはなかなか一口にいえない問題だと思います。しかし、彼がどんなに変わっていたにせよ、それは何かおかしなことをやって人目に立ちたい、有名になりたいと思ったからではない。反対に、彼があんまり音楽のことばかり思いつめていたので、そういう人間になり、そういう生活をするようになったのです。そのことを、この映画は、観るものに確信さす。

だから、この映画は、一人の音楽家を写して、おもしろい、そうして本当にすぐれたものになった。

僕らがグールドについて注意を払うようになったのは、いうまでもなく、彼のひいたバッハの『ゴルトベルク変奏曲』のレコードが出て、それをきいてびっくりしたところから始まる。それと同じころ、あるいはそれにひき続いてすぐ、グールドをめぐって、さまざまのスキャンダルめいたものが流れてきました。スキャンダルといっても、純然に音楽的な次元のものです。作品の解釈、演奏について、普通の人とはひどく違う。ときどきは、アッケにとられるようなやり方もする。そのため協奏曲のときには指揮者と喧嘩になることも辞さないとか何とか。そのうえに、彼は、ある年から、「今後はもう公開の普通の演奏会に出演するのは一切やめて、公衆との接触はレコードとかＴＶやラジオを通じての活動に限りたい。これは自分一人の好みというだけでなく、従来のような形の演奏会にはもう将来はない」といったとかいう話も伝わってくる。

こんなわけで、日本でも、「彼の言うとおりだ、彼こそは未来を指向し、先どりする音楽家だ」と感激する人とか、逆に、「レコードばっかりで、演奏会でひかないピアニストなどピアニストとは呼べない」と真っ向から否定する人とか、いろんな反応があった。そのあとも、何や彼や、彼をめぐってはいろんな噂が流れてきていました。そんなわけで、彼については演奏についてというよりも、こういう問題で好き嫌いが生まれ、現代にとって重要な人だと考えるのと、音楽を台無しにしかねない危険人物視するのと、かなりはっきりした支持者と反対者が存在してきた。

その結果、彼がどんな音楽家だったか、あるいはどんな音楽をやったかというのとはほかの問題への関心から、グールドを判断する傾向が強くなっていました。

しかし、グールドは一九八二年、五十歳の誕生日を迎えてまもなくのある日、死にました。つまり、彼をめぐってのスキャンダラスな噂話や、「音楽の将来」といった大袈裟な話題が新しく生まれる可能性はなくなった。

今こそ、虚心坦懐、あらゆる先入観をすてて、彼の音楽をきき、そのうえでつまらないか、おもしろいかを判断する時がきたのです。生前どんな話題をまいたにせよ、この人の価値は、まず、そうして根本的に、その演奏の質、演奏の価値によって決定される。つまらなければ滅び、忘れさられるでしょうし、おもしろければ、残る。

　これから、私はそれについての自分の考えを申しあげ、皆さんがご自分で判断する材料にしていただきたいと存じます。グレン・グールドはどういう音楽家だったか。僕の考えでは、まず彼を理解する最初の手がかりは、彼が音楽をポリフォニーの面からとらえた人だったという事実にあります。グールドはピアニストでしたし、もちろん、和音の響き、和声の流れ、音の強弱の対照的使用による効果の重視――そういったものに鈍感だったわけではありません。しかし、彼はそれ以上に、音楽を対位法的、線的な流れの交錯し、その交織のうえに構成された作品だという面を、いつも重視していた人でした。つまり、作品を織りなす横の流れを、聴き手にはっきり伝えることを基本と心得ていた人です。

　グールドのバッハは『ゴルトベルク変奏曲』が出て以来、多くの人をひきつけてきたわけですが、事実、この人のレコードではバッハがいちばん多いし、また、そこでいちばん成果をあげていた。これはまず、好き嫌いは別として、誰しも異存のないところでしょう。

　僕も、もしグールドから一枚のレコードをあげろといわれたら、『ゴルトベルク変奏曲』のそれをあげたでしょう。あそこには、彼のすべてがあった。しかも、それは最良の形で表わされていた。

けれども、グールドがどんなピアニストだったかは、バッハのレコードだけではわからない。彼は、ピアノのうえで、ほかの問題とも対決し、彼なりの解答をはっきり出したのです。

グールドがほかの音楽をどうひいたかは、彼の考えをよりよく知るために、欠くことのできないものです。

彼はご承知のとおり、バッハ以外のいろんな音楽をひいた。特にモーツァルト、それからベートーヴェンの作品では、多くのレコードを残しています。ベートーヴェンにいたっては、五曲のピアノ協奏曲全部、それから全部で三二曲あるベートーヴェンのピアノ・ソナタの大部分。それからバガテルとか変奏曲とかのレコードという具合に、バッハのそれに劣らないほどたくさんのレコードを残した。

それをきいてみますと、今申し上げた、線的な音楽、横の流れの音楽として、ベートーヴェンをとらえるということが、わかってきます。グールドは、バッハを見事にひいたけれど、バッハの専門家ではなかった。話は逆に、ポリフォニーを重視した音楽家だったから、好んでバッハの曲をとり上げ、そこで成果をおさめたのです。だから、ベートーヴェンについても、今いった視点から、これをとらえ、そこでは、ほかの人にみられないベートーヴェン像をつくり上げるのに成功しました。ベートーヴェンは、『アパッショナータ・ソナタ』に代表される中期のあの壮大で劇的なダイナミズムを満載した曲よりも、初期のもののほうがこのピアニストによりよく合っていた。それからいわゆる晩年のソナタでは、ある部分はよく、あるものは扱いにくかった。これから、その例として、作品二の二、つまりベートーヴェンの第二番目のピアノ・ソナタをきいてみたいと思います。

【演奏】ベートーヴェン『ピアノ・ソナタ第二番イ長調』第一楽章（ⓈCBSソニー＝50AC1182〜3）

時間の都合で全曲きけませんが、うちにおかえりになってから、ゆっくり終わりまで、きいてみて下さい。グールドの考えは、最初の音から最後の音まで、一貫して変わらず、徹底的に一つの明確なスタイルを打ち出してます。

第一楽章はアレグロ・ヴィヴァーチェですが、ヴィヴァーチェとは信じられないような、ゆったりしたテンポで始まります。そうして、もちろんベートーヴェンの曲ですから、最初は両手のユニゾンで出発して、そのあと、ポリフォニーといっても、二声になったり、三声になったり、そのうえにあるときはグールドの声もまざってきて四声になったり（会場、笑）、バッハと違ういろいろな点がきかれます。だが、これが基本的にいって、横の線の秩序を厳格に守った音楽であり、たとえ音がたくさん重なった和音が出てこようと、無原則の出方はしてない、むしろ、カノンだとか何とか、声部の対位法的な扱いによって、組織されたものだということが、よくわかる演奏になっています。

こうやって、彼のベートーヴェンをひくに当たっての基本的態度を知り、その鍵をしっかり手中のものとしてしまえば、無原則に——あるいはこれまでの習慣でききなれていたものとはちがう点がたくさんあるにせよ、「このベートーヴェン」を理解するのは少しもむずかしくなくなる。あそこはなぜあんなに平べったくひくのか、スケルツォでなぜ、左手の和音を変則的アルペッジョにしてひいて、右手のそれとのカノンにしてしまうのか、それぞれの楽章を一貫したテンポをなるべく変えないでひくのか。そのテンポの高まりや低まりでエモーショナルな効果をつくるのを意識して避けるのはなぜか。わかってくるのではないでしょうか。

グールドは、一つの曲ないし一つの楽章のなかでは、テンポを大きく変えることを極力回避する。それは、彼には、横の線の流れをはっきり聴き手に伝え、声部同士のあいだでのからみあいやカノンなどを鮮やかに浮かび上がらしながら、曲のテクスチュアを明らかにすることが、何より大切だった。そうして、そのためには、テンポはあまり細かく変化さすのは避けるべきだったからです。

ベートーヴェンの——たとえば『アパッショナータ・ソナタ』などでは、第一テーマと第二テーマのテンポをかなり変えてひくのが、これまでのヨーロッパ出身のピアニストの伝統だったわけですが、彼は、それをなるべく同じようなテンポでひこうとする。そう考えた場合、彼には選択が二つあった。一つは全楽章をなるべく第一テーマのテンポでひき通す。もう一つは第二テーマのそれでやること。

結果としては、彼は第二テーマのそれでひくことを選んだ。それで、彼の『アパッショナータ』は、聴くものを唖然とさすような、一貫して遅いテンポでひかれたわけですが、グールドにしてみれば、きく人を驚かすのが主目的ではなく——それもたぶん彼は知っていたでしょうが——ベートーヴェンの音楽を、それが発生してくる根源になった十八世紀にもう一度おき直し、ポリフォニックな音楽としての捉え方から、アプローチした結果にすぎない。

これをきいて、みんながびっくりしたのは、いってみればショック療法みたいなもので、十九世紀初頭の音楽を、それ以後の音楽の発展の流れに立って、ふりかえってみるのに慣れてきた目を、逆の方向にむけ直すのに役立った。

テンポは、ご承知のとおり、音楽の性格および様式を形づくるうえで、非常に重要な要素です。十七世紀後半から十八世紀前半の音楽——ここでは簡単に、バッハの音楽といわせていただきましょう——を演奏するときのテンポを設定する仕方で、モーツァルトやベートーヴェンの音楽——つまり十八世紀後半から十九世紀四半世紀の音楽をひけば、そこに矛盾というか、衝突が起こってくるのは当然です。その結果、グールドがこういう曲をひくのをきくと、僕たちは抵抗を感じる。しかし、彼は「もう一度ちがう耳でき直してみようではないか。ふだんは、十九世紀の音楽を二十世紀の耳できいているけれど、十八世紀の耳できいたら、どうなるか」といっているかのように、僕にはきこえます。

彼は、けっして、無反省無根拠に、遅くしたり、速くしたりしてひいた人ではないんです。いや、それどころか、彼は自分のしていることをはっきり意識していた。グールドという人は、だから、音楽に対し、きわめて意識的知的なアプローチをもっていたピアニストと呼ばなければなりません。

それだけ、また、グールドは、どういうテンポをとるかについては、演奏のたびにいろいろ考え、迷ったと、正直に、告白しています。グールドをインタヴューした人たちは、みなテンポの問題について、質問しています。そうして、彼は、こう答えています。[1]

「テンポというのは、僕の場合、ある曲の演奏解釈のうえで、いちばん最後に決めるもの、いちばん最後にくる問題なんです。僕は、ある曲に対する自分の態度がきまったあとで、それじゃ、これをどんなテンポでやるのがよいか、と考える。そうしてみると、音楽は必ずしも、あるきまったテンポでひかなければいけないということがない。かなりの幅をもって、それより遅くなっても、それより速くひいても、その曲のもっている構造の美しさ、それからロジックというものを、聴き手に伝達できるということを、僕は発見したのです。特にその許容度のひろいのがJ・S・バッハである。バッハをひくときは、僕はスタジオに入るときまで、どんなテンポでやるか、迷うことも珍しくない。たとえば『平均律クラヴィーア曲集』第一巻のへ短調の曲。あれなんか、いつも迷ってしまう。一般的にいって、僕が、ある種の曲について、どんなにたくさんのテンポでひいてみたか、とても言いきれないくらいだ。」そして、このあと、彼一流のユーモアで、こうつけ加えているときさえあります、「テンポについては、僕にきかないでください。僕は、正しい答えの出せる最後の人間なんだから」と。

こんなわけで、事実、レコードに録音するときは、ずいぶんいろんなテンポで試してみたらしい。それから、こうもいってます、「実際の演奏会で、同じ曲を幾つかのちがうテンポで、くり返しひき直してみるといったことをやっても、聴衆に認めてもらえるだろうか」とも。

グールドは、そんなこと許してくれるはずはないと思ったんでしょうね。演奏会でステージに入った以上は、ある曲については、あるテンポでひかなければならない。しかし、スタジオでなら、いろんな実験ができる。これも、ある時期以後、彼が演奏会に出演するのをやめてしまったという問題を解く一つの鍵かもしれませんね。

グールドが、この実験を、公開の席でやらずにおわってしまったのは、残念なことでした。同じ曲を、幾つかのちがったテンポでひいてみせてくれたら、どんなにおもしろかったか。幾つかの違うテンポといったって、それは、まったくのでたらめというのでなく、それぞれ、根拠があってやったことでしょうから。

ただし、ありがたいことに、彼の残したレコードのなかには、そういう例が二つある。一つは、『ゴルトベルク変奏曲』、一つはモーツァルトの『ハ長調のピアノ・ソナタ』(K三三〇)の例で、この二曲を、彼は、それぞれちがう時期ではあるけれど、二回レコードにしています。『ゴルトベルク変奏曲』の例は、あんまり有名だから、ここではふれますまい。モーツァルトのソナタのレコードは、彼が世界的に有名になって間もなくの一九五七年一月に録音したのと、一九七〇年のものと、二つです。今、まず、前者の第一楽章をきいてみましょう。

【演奏】モーツァルト『ピアノ・ソナタ第十番ハ長調』第一楽章(Ⓜ CS 00 AC 47〜51)

今きいたのは、第一楽章の呈示部の終わる少し前までです。つぎに一九七〇年のレコード。

【演奏】モーツァルト『ピアノ・ソナタ第十番ハ長調』第一楽章(Ⓢ CS 25 AC 2003)

同じ曲の同じ第一楽章。前者は一分二十秒きいたのですが、同じ時間で、後者では呈示部から展開部を通ってもう少しで再現部に入ろうというところまで、進んでいました。つまり、後年のほうがずっと速い。前者は、まずまず、常識的な通念（?）に従ったテンポでしたが、後者になると、そういった通念に挑戦し、それを一蹴したといいたくなるような、とてつもない速さでした。

テンポを変えるというのが、グールドの場合、どんなことを意味したかということの一つの例が、ここにある。もちろん、これは極端な例です。『ゴルトベルク変奏曲』の場合は、いろいろと無視できない相違はあるけれど、こんなに極端に対立するようにはなってない。

それと、この二通りのモーツァルトのひき方をめぐり、もう一つ大切な差異は、ここには、音楽をやるうえで、いちばん重視していたのは何か?という点で、彼の意識がどう進んできていたかを知る一つの手がかりがみられることです。

このモーツァルトのソナタの場合、グールドが目指していたのは、いわゆるロココ風の優雅な音楽の味わいを伝えるということより、何よりもまず、これが二声の音楽として書かれた曲だというのを、はっきり聴き手に伝えることだったのです。

今の二つの演奏をきいて、皆さんが気がつかれた第一のものは、もちろん、テンポの違いでしょう。後のほうがめちゃくちゃに速い。しかし、それと並んで大きな違いは、後者では、左手——つまり低音の流れ——が、右手——つまり旋律のそれと同等か、ときには、むしろそれに覆いかぶさってしまうほど、強く浮かび上がるようひかれていた点です。グールドは、この曲が、いかにソプラノとバスとの音楽であるかを、強調したかったのです。もちろん、以上二点は別々のものです。二声の音楽だから、やたらと速くひかなければならないというわけではない。けれども、この曲は、いくら速くひいても、二声の音楽だという事実に変わりはないという証明にはなる。それに反し、こんなに速くひいたら、ロココ的優雅さという特質は脅かされる——いや、こわされてしまう。だから、これを重視する聴き手からは蛇蝎視されてしまう。だが、この異常な速さでびっくりして、なぜ、こういうことになったのかを考える人もあるだろうし——実は、私はそうでした——、その結果、今いった事実にはっきり気づくことになる。

いずれにせよ、ベートーヴェンの曲の場合同様、モーツァルトの音楽をひくときでも、グールドには、両者に共通して流れる問題意識があった。あるインタヴューで、こういってます、「モーツァルトのピアノ・ソナタに関していえば、僕は、初期のもののほうが実質よりずっと過小評価されている一方、後期の曲は実質にくらべてはるかに過大評価されてると思う。初期のソナタは、その線的、対位法的な書き方のうえで、非常に清潔で的確に書かれている。逆に、後期のはそこがちょっとぼやけてきている。これは、モーツァルトのなかで、純粋に線的な書き方の正確さより、ほかのもののほうに興味が移っていった事実を示している。それは何かというと、オペラに対する興味だろう。だから、僕としては、モーツァルトがオペラなんかおもしろがって、晩年、あんな書き方をするようになったのは残念なんだ」と。

こうまでいわれると、僕も黙ってはいられない。モーツァルトがオペラを残してくれたということが、どんなにありがたいことか。それは、ちっとやそっとでは話しきれない。それにヴィーンに定住した直後から、モーツァルトのなかで対位法に関する強烈な関心が再びめざめ、前よりいっそう充実した書き方をするようになったのは、否定しようもない。

だけど、グールドの音楽観の流れのうえにモーツァルトをすえて考えた場合、初期のソナタには、線的で、曖昧な点の少ない書き方がみられるのも確かでしょう。それを、彼は、今きいたK三三〇のソナタのひき方で、示している。あすこに幾分かの誇張があったとは、思うけれど。それは、さっきいった、ある種の伝統に慣らされてしまった今日の聴衆に、モーツァルトのソナタを新鮮な耳で改めてきき直す機会を与えるためのショック療法的処置だった。

それにしても、あんなに速くひく必要があったか？

ある程度は、そうだった。

というのは、「速くひく」ということ自体の積極的価値もあるのです。この曲に限らず、グールドは、速くひくというのと、線的書法を土台とした、バロック音楽の構成法のおもしろさを明確に打ち出すというのと、この両方の目的にそった演奏も、やっているのです。その例を一つだけおきかせしましょう。

これは、バロック的線的構成と純粋アレグロのスピード感とが見事に融合した演奏、この上に立てられたモーツァルト演奏の独特な美しさを出すのに成功した例と呼ばれるべきものだ、と僕は思います。

これからきくのは、『ニ長調ピアノ・ソナタ』（K二八四）の第一楽章アレグロです。


【演奏】モーツァルト『ピアノ・ソナタ第六番ニ長調』第一楽章（Ⓢ CS 25 AC 2002）

ここでは、モーツァルトの初期のソナタを、イタリア・バロック音楽、たとえばヴィヴァルディの曲などでなじみのコンチェルタンテの音楽に、著しく近いものとして捉えているわけですね。トゥッティとソロとの対立、交代。そのトゥッティでは和音の響きと量的な厚みが正面に出てくるのだし、ソロでは声部の線的な流れが主体となる。バッハはそれをイタリア音楽から学んだのだし、モーツァルトは、大バッハと、特にその息子たちの世代の音楽から、学んだ。

そうなると、この曲を、グールドがやってるような、ある種の絶対アレグロにというか、そういった様式でひく必然性も出てくる。だから、これは、ほかならぬバッハの『イタリア協奏曲』のスタイルでひかれたモーツァルトの（初期）ソナタにほかならない、といってもいいでしょう。

グールドは、バッハをひくと何かバッハらしくないものが残る、ベートーヴェンはひどくベートーヴェンらしくなく、モーツァルトにいたっては、グロテスクというほかない、それというのも、この人は音楽の様式感の理解に欠けるところがあったからではないか。という議論をたてる人もあるようです。

しかし、ヨーロッパの伝統的なひき方とちょっとちがうひき方をしたというだけで、彼に様式感が欠けていると主張するのは、どうでしょうか。僕は逆に、この人は、それどころか、相当に洗練された様式的センスの持ち主だったと、考えてます。それを証拠立てるレコードは幾つもある。『ゴルトベルク変奏曲』は、その筆頭にあげるべきものかもしれませんが、ここではベートーヴェンの『エロイカ変奏曲』を例にとりたいと思います。

この曲は平凡なピアニストが演奏会でひくのをきくと、半分は練習曲みたいにきこえる。がっちりはできてるが、音楽をきかされたというより、ピアノのテクニックのサンプルをいろいろ並べたてられたという後味が残る。

実際に演奏会できいた例で、僕がよく思い出すのは、ギレリスのそれです。彼はこの曲を頭が下がるほど上手にひいていた。彼がどんなに立派なピアニストであるかを示す最高の例の一つといってもよい。しかし、この曲には「あんまり音楽がないな」

という感想が、きき終わって、残る。それはギレリスの演奏のせいでなく、曲自体に原因があるのではないかという気がする。

だけど、グールドは、この曲を「音楽」としてきかせています。ここで「音楽」というのは、いわゆる音楽的なリリシズムがあるというのではなくて、多くの人が「彼には様式感が不足している」と批評している、まさにその点での反証なのです。グールドは、様式の感覚に鈍感などころか、その逆なのです。彼は、それぞれの変奏を、それぞれの性格に従ってひきわける。ただ、速いと遅いと、三連符のパッセージとアルペッジョの対比と、そういった初歩的なものでなく、どういう性格の音楽として、書かれ配列されたのかということに重点をおいてひいているのです。

これも、一部しかきけませんが、あとで、ぜひゆっくりきき直してみて下さい。

【演奏】ベートーヴェン『エロイカの主題による一五の変奏曲とフーガ変ホ長調』（Ⓢ CS 18 AC 963）

終わり近くミノーレ（短調）になり、そのあと長大なマジョーレ（長調）の変奏がくる。このあたりは圧倒的な名演です。しかし、こういう先入感なしにきけば、誰にもわかるはずのところばかりでなく、初めのほうに出てきた——比較的ありふれた一連の変奏だって、一つひとつ、よくひきわけられている。

それに、この演奏で、もう一つの特筆すべき点は、フレーズの区切り、フレージングのとり方が、明瞭で、的確を極めていることです。だから、局部的にはテンポの風変わりな速さや遅さがあっても、それを越えて、各楽想の意味するところが、はっきりわかるようにひかれている。そういう意味で、グールドはフレージングのつくり方を縦横に駆使し、利用している。その点でも、この人は数少ない名手にあげなければならない。

この曲にせよ、『ゴルトベルク変奏曲』にせよ、グレン・グールドが変奏曲を演奏したものに特に傑出したレコードが残されているということは、さきにふれた、彼が演奏に当たって、多くのテンポの可能性のなかで、いつもさんざん迷ったというエピソードと、深い関係があるのではないでしょうか。

もし、彼が『ディアベルリ変奏曲』をレコードにしていたら、どんなことになったか。想像したってむだかもしれませんが、これも彼について残念に思っている点です。

というのも、彼のひいた変奏曲をきいていると、変奏とは何か?という問題を、もう一度考え直さずにいられなくなるものがある。「変奏とは何か?」と、ある日ブラームスが友人に話したそうです、「変奏の場合、低音をいつもしっかり握って、手放したり、変えたりしてはいけない。バスを変え、雰囲気をつくり直すのは間違いだ。私も若いころは、その誘惑に陥ったけれど……」と。

この言葉は、まるでグールドの考えてることを、ブラームスの口からきくような思いを、私に与えます。「バスは動かしちゃいけない。」このバスをはっきりきかすということが、グールドの演奏の基本にある。それは、さっきからくり返し申しあげてきた、線的なポリフォニックな音楽の作り方と深い関係があるに相違ない。

こういうふうにして、一つのものからたくさんの様式上の違いの微妙な点を嗅ぎ出し、それを音の世界に、しかもポエティックな世界に移しかえることのできたグールドにとって、自分の心の一番深いところで共鳴するのを覚えたものは、どういうものだったでしょう。

つぎに、その実例を提出したいと思います。

グールドがすぐれた演奏を残したものの一つにバッハのトッカータが、あります。そのなかの一つ、ＢＷＶの九一〇、嬰へ短調の曲のレコードをきいてみたい。これは、はじめ導入部があって、それからゆっくりした部分が続く。そのあとフーガが来、またゆっくりした間奏をはさんで、二番目のフーガで終わるという形になっている。今、その導入部からゆっくりしたところまで、きいてみましょう。

【演奏】バッハ『トッカータ嬰へ短調』（BWV 910）（Ⓢ CS 40 AC 1555〜6/Ⓓ CS 56 DC 186〜7）

このゆっくりした部分、この超絶的な遅さには、驚くべきものがある……

こうやって、音楽をきいている人の内面に働きかける力——あるいは、聴き手を省察的、反省的な方向に導いてゆく力。

これこそ、彼に最もぴったりした音楽だったのではないか。この曲をきいていると、そう考えずにいられなくなります。音楽が聴き手の精神に働きかける力の方向としては、緊張を高め、劇的な興奮を与えるものと、その逆に、興奮を鎮め、緊張をほぐす方向にゆくものと、簡単にいって、この二つがある。グールドは、その二つのなかの、後者に共感をもって生き、かつ演奏活動をしていた人だったのではないか。僕にはどうも、そう思われてなりません。

グレン・グールドを対象として書かれた本は幾つかあるようですが、そのなかの一つ、ジェフリー・ペイザントという人の書いたもののなかに、彼が「僕はおよそボクシングとか何とか、人と争ったり戦ったりして、負かすことに夢中になるものは大嫌いだ。音楽でも競争的なもの、あるいは聴き手を威圧するようなものは好きでない」といったと出ています(2)。この言葉も、グールドの人となり、それから彼の演奏を説明する一つの鍵ではないでしょうか。

だから、たとえばベートーヴェンみたいに、音のダイナミックな力を使って劇的な緊張をつくり出し、人を打つといった行き方の音楽は、元来は、彼の性にあわない。彼は、たとえベートーヴェンをひくときでも、そこからバッハの音楽と共通するものを見出し、そこに重点をおいてひいた。ベートーヴェンといっても、何も、その曲のどこをとっても競争的ないし威圧的だったわけではありませんからね。それに、さっきいた『エロイカ変奏曲』みたいに、さまざまの要素が入っているものについては、彼はけっして、むりに鎮静的なところばかり強調してひくような単純で幼稚な間違いを犯したわけでないことも、もう、いうまでもありますまい。彼は、こういうベートーヴェンもあるがまま受け入れた――といって、いいすぎなら、ベートーヴェンの良さを殺すようなことは慎しんでいる。

だから、ベートーヴェン以後の十九世紀音楽でいうと、対位法的思考のあまり目立たないシューベルトやショパンは好まなかったらしいし、逆に、ブラームスはひいた。それから二十世紀の音楽でいえば、ストラヴィンスキーはひかず、シェーンベルクおよびその弟子のベルクやヴェーベルンを集中的にひいている。またヒンデミットをひいたのも、そこに対位法があるからではなかったでしょうか。いずれにせよ、シェーンベルクたちの演奏については、そこに強度に対位法的なものがあったことを無視しては語れないわけでしょう。

バッハに戻れば、『平均律クラヴィーア曲集』をひく場合、ヴェーベルン風の点描的なひき方をした曲が幾つもある。それからまた、彼はスタジオに入るまでは、ある曲は全部スタッカートでひくつもりでいたのだが、いざとなったら、もっとレガートでひきたくなったなどということもいってます。『平均律曲集』については、ある曲はノン・レガートを主流としてひくのが伝統的奏法のなかでも有力なやり方だったわけですが、グールドは、そういうときでも、レガートできれいに歌っている場合がある。

以上で、僕が考えていたものの基本的な点は、大体話し終わりました。グールドの行った道は、彼ひとりのものでもなければ、二年前の彼の死で終わってしまったわけでもない。さっきいった、聴き手の心を静観的省察的なものに誘導していこうとする彼のやり方については、彼のあとからきたピアニストにも、影響をあたえたり、示唆をあたえたりした例が幾つかみられます。

たとえばラドゥ・ルプーなどという人は、まるでヴェーベルンみたいなピアニッシモ・エスプレッシーヴォのひき方をするときがある。それから、アンドラーシュ・シフ、あるいはペライア——こういう人たちにも、音楽を使って、聴き手を興奮さすのでなく、静かに語りかけ、その心を緊張からときほぐし、和やかで柔らかい心にふりかえてゆくよう誘う力を放射している演奏をみることができます。またこれは何もピアニストに限った話でもなければ、グールド以前にもまったくなかったわけでもない。メニューインなどというヴァイオリンの名手には、大分前からみられた現象でもありました。

こんなわけで、グールドのしたのは、非常に風変わりで、誰ともちがった、孤独な仕事のようにみえるけれど、実は、音楽の深いところにある根源的な力の源泉にふれている。だからこそ、彼の演奏は、人を感動させえたというだけでなく、これからも、一つの流れとして、残ってゆく。こんなふうに考えてよいのではありますまいか。

最後に、もう一度、ベートーヴェンの曲から、グールドがつかみとった深いものを表現した例をきいて、私の話を終えたいと思います。それは、彼がつくった最もあとのレコードの一つで、作品二六の『葬送行進曲ソナタ』の第一楽章の演奏です。ここも、やっぱり変奏曲として書かれている点は、さっききいた『エロイカ変奏曲』と同じですが、書き方は大分ちがう。そうして、演奏においても、グールドが到達した最晩年のものを、出しているように、僕にはきこえます。

【演奏】ベートーヴェン『ピアノ・ソナタ第十二番イ長調（葬送）』第一楽章

（Ⓢ CS 28 AC 1684/Ⓓ CS 35 DC 105）

演奏は終わりました。長いあいだのご静聴を感謝いたします。

（1）　グールドがインタヴューに応じてあたえた答えについては、私は次の二つのソースから引用した。しかし、引用に当たっては、必ずしも言葉どおりでなく、その意味をとって行なっている。

（ａ） Martin Meyer : Interview : Glenn Gould. *Fono Forum* 誌 Juni 号 1981 これは独文。
（ｂ） Bach's Keyboard Partitas : A conversation with Glenn Gould. これは一九六三年、米国の "Columbia Masterworks, Monaural M2L-293" として発売されたバッハのパルティータ全六曲のレコードのジャケットに掲載された。

（２） 『グレン・グールド　なぜコンサートを開かないか』ジェフリー・ペイザント著、木村英二訳、音楽之友社、一九八一年。

〔付記〕 この日に上映された映画、グレン・グールド "OFF THE RECORD" "ON THE RECORD" は、現在「グレン・グールド／ピアノ演奏の秘密」というタイトルで、東映ビデオ（ドリームライフ）から、レーザー・ディスクで発売されている。レコード番号は［TED-702］*。

（私はカナダ大使館文化部からの委嘱を受けて、一九八四年十月六日、東京・神楽坂の音楽の友ホールで講演を行なった。これは、そのときの私の話をとった速記をもとに、つくった原稿である。講演の骨子と構成には一切手をつけてないが、言葉遣いの細部においては、かなり手を加えた。

この形で発表することができるについては、前述のカナダ大使館の文化部のルイ・アメル氏と縄田さんをはじめ多くのかたがたのさまざまの配慮のおかげで、感謝します。）

＊二〇〇一年に『グレン・グールド　27歳の記憶』としてＤＶＤ化。（編集部付記）

グレン・グールドを語る

聞き手＝壱岐邦雄

見ることと聴くことが総合してグールドがよくわかり、楽しめるのです

――こんどまたグールドのＬＤが出ますが、映像で見るグールドについてあらためてお伺いしたいのですが。

吉田　グールドが日本にはじめて紹介されたのは三十年ほど前でした。そのとき僕はグールドについてなにも知らなくて、人にすすめられて『ゴルトベルク変奏曲』のＬＰをはじめて聴き、とても感心しました。演奏のしかたが非常にほかの人たちと違っていたのでどんなふうにして弾いているのだろうか？　普通の弾きかたではないのではないか？　とても興味を持ちました。それから数年たってテレビでグールドの『皇帝』が放送されたり、カナダＣＢＣテレビのグールドの番組をたくさん見ることができるようになって、いろいろわかってきました。

それで見るとグールドは、古いスタインウェイ・ピアノに低い姿勢でむかう。その結果、肘が鍵盤より低い位置にくる。ということは、肩から腕の先にかけての力を、現代のピアニストがやっているような、指先まで無理なく力が働いて鍵盤を押すうえで、フォルテからピアノまでがたくさんの種類のニュアンスをもつタッチでもって音をつくるのというのとずいぶん違って、ほとんどある中間的な大きさの音で、幅の狭いダイナミックの範囲にそれをいれるということと、レガートよりもむしろノン・レガートに適しているような指使いになるのです。音の色合やダイナミックとかの種類を狭くして、ピアノ自身もスタインウェイでありながら輝かしい音の出る楽器ではないものを使って、演奏する。それはいってみれば、鮮やかな色を使う油絵ではなくて、水彩画かなにかに近いようなものです。色彩に乏しいのではない。でもその範囲が狭い。たとえばR・シュトラウスやリムスキー＝コルサコフの管弦楽法ではなくて、ハイドン、あるいはせいぜいベートーヴェンの初期くらいまでのオーケストラでもってやるようなものです。映画で、見ただけで人をチャームする美人の俳優ではなくて、芸＝アートで人をひきつける女優を使うのに似たようなものです。

グールドは手持ちの素材を少なくして、それを組合せ、あるいはそれを素にして音楽をつくっていく。楽器やなにかにひきずられないで、自分で音楽をつくっていく。

だからグールドはバッハを弾いて成功したのだともいえるし、そういう人だからバッハをあんなにつき詰めて弾いていった、ということができます。バッハでいろいろな音を出して、いろいろな楽しみをやるのはけっして不可能ではない。ロマン派の人はもちろんシェーンベルクやヴェーベルン、ストラヴィンスキーたちもバッハをすばらしく編曲しています。指揮者のストコフスキーなんか絢爛たるバッハをやった。グールドはそういうのではないバッハをやるということです。それはまたこのごろ流行の古楽器でやるのとも違う。音色で人をチャームするのではなくて、デッサンでそれをやる。音の内容から築きあげていくのです。

音の内容とはなにかというと、バッハの場合、いちばん大事なのはやはり対位法、線です。その線を際立たせるために、彼は非常に工夫しました。それが、ノン・レガートが基本という弾きかたに通じるわけです。ショパンのようにムラのない、きれいな一本の線のような、そういう弾きかたでもないし、モーツァルトのような、ひとつひとつの音が磨かれ、真珠のように連なっていくのでもない。そうではなくてグールドのは、ひとつひとつの音はちゃんと僕たちの耳に入るけれども、けっしてその音が「ああ、きれい」というのではなくて、全体の構成として響くのです。そのために彼は、ことに2声だとか3声だとかの使い分けを、とてもよく考えました。『ゴルトベルク変奏曲』でもそうですが、2段鍵盤で弾く場合、右手の上に左手が重なったり、逆になったりするときはどうしても、人間の身体の自然として違う質の音が生まれてくるのです。グールドはそれを巧妙に利用して、違う線を、聴いてではっきり区別できるように弾く。ニコラーエワのように、音がハーモニーとして豊かにきれいに響く、かんたんにいうとロマンティックなバッハになるのをグールドは避ける。ハ長調のプレリュードを弾くときでさえ、あの曲はとてもハーモニーがきれいになっているのだけれども、グールドはそれを2声の対話のようにして弾く。そのために彼は、あえてスタッカートにしてみたり、同時にいくつかの音で和音が弾かれるときにアルペジオにして音を分裂させるというか、分ける。そうして彼は僕たちの耳、つまり頭を目覚ませる。そういうことをやっているのです。僕は音だけでもそのことは聴きとって感心しましたけれども、映像だととてもはっきりわかります。

グールドの映像でもうひとつ、おもしろいことがあります。バッハではたいてい両方の手が使われているのですが、たまに片手だけのときがある。そういうときにグールドは変に手を動かして、弾いている右手を左手で指揮してみたりして、聴くだけでなく見るほうにも注意をひきつけるような仕草をする。彼がそれをどれくらい意識していたか判断は難しいけれども、僕は無意識でああやっているとは思わない。あれもグールドの芸のうちなのです。それがほんとに板についているので、わざとやっているようには見えない。でもあれはやはりわざとやっているのです。映像を見てそれがよくわかります。それからもうひとつ、ピアノには出ないはずのビブラート。グールドがある音に、いかにビブラートを望んでいるか、映像でそれがよくわかる。グールドは映像を、自分の芸術をやるためのひとつの武器だと思っていたのでしょう。とにかく映像だと、見ることと聴くことが総合して、グールドのことがよくわかるし楽しめるのです。

孤独ではなかったグールド

――その点ではカラヤンと似ていますね。

吉田　そう、カラヤンも見るということが聴くということをどんなに援《たす》けるか、よく知っていた人です。でもカラヤンは音楽よりもまず、自分がなにをしているかをわからせるのに映像を利用しました。カラヤンは人々が音楽だけでなく、自分を見にくるのだということをよくわかっていたのです。グールドの映像も、彼がなにをやっているのかがよくわかるのだけれども、音楽をより立体的に理解させるために、あるいは自分を表現するためにやっているのではないのです。

見ることと聴くこととの結びつきについて、ひとつの非常に独特な道をグールドは行きました。僕は主張したいのですが、グールドのは見ることのほうを重視して出来上がってきた演奏ではない。はじめからテレビなりビデオなりがあってやってきたのではない。彼が実演から離れていったのは、テレビやビデオがあるからというのではない。演奏会をやらないその理由はグールド本人がいろいろいっています。今日は東京、明日は大阪、明後日は名古屋と、まるでさすらいの遊芸人のような生活に耐えられない。これは映画『グレン・グールドをめぐる32章』のなかで、誰にもわかるように説明してあります。どこにいっても同じベートーヴェンを弾き、同じモーツァルトをバッハを弾く。そういう生活に耐えられない。

それともうひとつ、グールドは演奏会場で聴衆とタッチしながらで演奏するのでは、完璧さが得られないと考えていた。会場の雰囲気かプラスになるとは思わなかった。それは彼の特殊な精神構造からくるのであって、大勢の人との接触が邪魔だったのです。それは人間嫌いとは違います。これも映像を見るとわかることですが、スタジオの技術者たちとは仲よくやっている。でも、自分が音楽と対話するのに聴衆は邪魔なんです。彼はけっして孤独な人間ではない。グールドは自分が訓練して覚えこんだものを弾くというのではないのです。音楽と対話しながらやっている。その精神を集中するのに大勢の人がそばにいると邪魔なのです。自分を見せるのは嫌いどころか、むしろ好きだったでしょう。だからこそあんなにテレビに出て、映像を残している。でもその場に人がいるのは嫌なのです。僕が自分でつくるから、どうぞそれを見てくださいって、スタジオという密室にこもる。けれどもひとりぼっちではない。彼には音楽という大きな友だちがいる。グールドは全身で音楽と交流して、孤独感なんかまったくない。それどころか対位法で音楽が何人にもなって、こっちの人と話しあっちの人と話し、これとこれと話しをさせたりして、喜んでいるのです。

ある種の俳優はひとり芝居が好きです。落語家がそうです。落語家は熊さん、八さん、大家さんという三人の人物を、自分がやることが楽しい。グールドは落語家みたいに、何人かを会話させたり、自分がそこに加わったりする。それにはベートーヴェンよりもモーツァルトよりも、バッハの音楽がいちばん適している。バッハもまた、ひとつの楽器で何人もの音楽をやっているのです。その意味でグールドは、僕はそういうのを天才と呼ぶのだけれども、ひとつの〈真〉に全部つながるのです。ばらばらになっていない。アンドレ・ジイドが「天才とは、ひとつのことをやった人」といっていますが、そういう意味なのです。グールドという人はだから、極端にいえば『ゴルトベルク変奏曲』を弾いていればそれでよかった。そこに全てがある。

グールドの真剣な遊び

――でもグールドは新旧ふたつの『ゴルトベルク変奏曲』のあいだに、いろいろな曲を弾きました。

吉田　もちろんほかにもやりました。ベートーヴェン、モーツァルト、スクリャービン、ヒンデミット、リヒャルト・シュトラウス、シェーンベルク……。それらはけっして意味がなくはない。こんどのLDに入っているシェーンベルクの『ピアノ組曲』なんかほんとにすばらしい。これまでどんな人もやったことがないような、生き生きとした、艶々としてさえあるようなシェーンベルクです。グールドはこの曲について「シェーンベルクの美の極致」といっていますが、じっさいグールドが弾くとそのとおりです。でもその美しさはリヒャルト・シュトラウスなどの極彩色の美ではなくて、もっと精神的なものです。けれどもその全部を集中したのがバッハでした。

グールドは簡単な節を弾いても人をひきつける、そういう弾きかたをしました。歌うことをやったのです。僕はさっきグールドが話しをするといいましたが、大事なのは、表面的すぎるいいかたかもしれないけれども、バッハのテーマを歌わせる、そのすばらしさです。彼を聴いているとバッハのテーマはけっして算術の命題みたいなものではなくて、それだけでもう、凄い音楽になっているということ。そういう歌わせかたができる人はあんまりいない。グールドがいたために、それをもう一度やりだした人はいます。たとえば、アンドラーシュ・シフ。彼はあきらかにグールドの演奏から啓示を受けています。それまでの人はバッハのテーマの美しさを知らなかったわけではない。そういうふうなテーマ、たとえばト短調の小フーガをストコフスキーがとってもきれいに歌わせている。ああいうまるでオペラのアリアの一節のように歌わせられる節をとってきて、やってはいます。でもそうではないテーマは、とりあげなかった。けれどもグールドは、彼の弾くバッハは全部といってもいいくらい、テーマがとてもよく歌っています。歌になっているから僕たちは、グールドのを、なにか難しいバッハというのではなくて、おもしろく聴くのです。

ところが、ちゃんとできてる節になるとグールドは、なにかうまくのらない。モーツァルトの〈歌うアレグロ〉のテーマなんかではグールド、なにか工夫する。すると聴いているほうはある種の違和感をもってしまう。グールドは、なんでもやれる天才ではなかった。

僕はグールドが演奏しながら歌うのになんにも抵抗はありません。邪魔どころか、彼の歌がなくなると淋しいくらい。グールドの歌は、心の一種の弾みみたいなもので、バッハと一緒に遊んでいる楽しさが感じられます。

僕が昔、お友だちの中原中也と歩いていたとき、通りでこどもが遊んでいた。彼はたちどまってそれをながめて「こどもは遊んでいるときほど真剣なことはない。遊びと真面目は同じなんだ。もっとも真面目な気持ちは遊びのなかにある」といいました。僕はこのことをすっかり忘れていたのですが、このあいだＬＤで、グールドがバッハの二長調『パルティータ』を弾いているのを見ていて思い出しました。『パルティータ』は『音楽の捧げ物』や『フーガの技法』といったような抽象性の高い芸術とは違って踊りの組曲ですから、もっと遊びの精神がある。それをグールドが本当によく遊んでいる。その遊びかたの真剣さ、といったらない。そういえば僕もこどものころ、ブランコにのって遊んでいて、はたはどう思うかしれないけれども、こどもにとってはそれが全てであって、いつまでたってもやめることができないような、生きるっていうことの全部がブランコにある、といったこともありました。バッハがどうしてあれをアリアといったのかわからないような速い不思議な曲を弾きながら、グールドはときにポン、と変な音を出したりして遊んでいる。自在な気持ちと真剣な気持ちがある。彼の『ゴルトベルク変奏曲』のなかにも、そういう遊んでいるようなヴァリエーションがあります。短い時間にいくつも違う性質の違う遊びのある『パルティータ』ではとくにそうです。グールドは遊びに夢中になっているのです。はたからみればなにしてるんだろう、と思えるかもしれないけれども、そこにこそ真剣さがあるということがわかれば、グールドのやっていることがわかるはずです。

＊壱岐邦雄氏のご連絡先にお心当たりがある方は、編集部までご一報いただけると幸いです。

●解説――

吉田さんのグールド論の急所

青柳いづみこ

本書は、吉田秀和さんがグレン・グールドについて記した文章をまとめたものである。「名演奏家たち Ⅱ」から「ベートーヴェン」まではグールドの存命中に、「うちなるものへ」は八二年一〇月に亡くなったときの追悼文として、その他の文章は死後に書かれた。

周知の通りグールドは、一九五五年にバッハ『ゴルトベルク変奏曲』のLPで大ブレイクし、一九六四年四月一〇日、ロサンゼルス公演を期に演奏活動から引退し、録音活動に専念した。また、『北の理念』をはじめ数多くのラジオドキュメンタリー番組も制作している。

吉田さんはグールドがさかんに演奏活動を行なっていた時期にドイツに滞在し、一九五八年秋にはベルリンで、一日のことで実演を聴き逃している。これはよほど悔しかったとみえて、本書でもくり返し語っている。実演を「はるかに高く尊重する」吉田さんにとって、ステージに接しなければという思いは強かったようだが、考えてみれば、録音を通して出会う前に、生きて、演奏しているグールドについての反響を体験したのは大きかった。

というのは、グールドの実演と録音の印象はずいぶん違うからだ。

一九五七年五月、カラヤンと共演したベートーヴェン『ピアノ協奏曲第三番』をベルリンで聴いた大賀典雄（のちのソニー・レコード社長）は、グールドは「変わったことを誇示したいという願望に憑かれたピアニスト」と非難されるが、ライヴは「オーソドックスの極み」だったと証言している。吉田さんが聴き損ねたバッハの『ニ短調協奏曲』も「二世紀にわたって死滅していたバッハ演奏の伝統を生き返らせた」と評されている（「変わったことを誇示したい」グールドの欲望はおおむねレコード制作に向けられたが、これについては吉田さんも、詩人のヴァレリーが「同じ詩を幾通りかにかいた」ことを例に編集作業にふれている）。

帰国した吉田さんは、日本コロムビアから五六年にリリースされていた『ゴルトベルク変奏曲』やベートーヴェンのアルバムを聴き、『芸術新潮』の連載（六三年四月号）ではじめてグールドをとりあげる。「ロマン派の臭気をぬけきった深みで生まれる親密さと繊細さを合わせもった抒情」という一節はさすがだ。日本の批評界はおしなべて否定的で、『レコード芸術』（五六年一一月号）では「いかにも味のとぼしい弾き方だ。難渋な内容をさっぱりと表現したのはよいが…」と酷評されている。もっとも、音楽雑誌『プレイバック』（五六年七月号）では藁科雅美がいち早く「間違いなく本物」と認めていたが。

一度もグールドの実演を聴く機会のなかった吉田さんが、折にふれて届けられるヴィデオやLDなどの映像作品を分析する後半部分も楽しい。

一九七二年八月一〇日、NHKテレビで初めてグールドが演奏する姿を見た吉田さんは、ベートーヴェン『皇帝』を弾きすすむうち「彼がしだいに周囲から切り離され、ある世界に深く進入してゆくさま」を見てとる。指揮者アンチェルの「冷静で一点のむだもない棒さばき」が鮮やかな対照となって迫る。しばらくして吉田さんは、それが単なる「対照」ではないことに気づく。アンチェルの、いわゆる「健康な」指揮姿は空虚なものに見え、「この人の耳にはあれが聞こえないのでは？」という疑いがわいてくる。

「というのも、『あれ』の所在を示すことこそ、グールドの演奏の急所だとわかってくるからだ」

これぞ、吉田さんのグールド論の「急所」でもある。

（ピアニスト・文筆家）

◉出典一覧――

「名演奏家たち　Ⅱ」(『藝術新潮』一九六三年四月号〔部分〕／『現代の演奏』新潮社、一九六七年二月)
「グールド讃」(『日本コロムビア・レコード　OS423-4・C』／『続批評草紙』音楽之友社、一九六五年九月／『世界のピアニスト』ちくま文庫、二〇〇八年五月)
「グールドの『ゴルトベルク変奏曲』によせて」(『CBSソニー　SONC-0037』／『世界のピアニスト』同前)
「グールド――外界が完全に消滅した人間の〝のびやかな〟演奏」(『レコードと演奏』音楽之友社、一九七六年八月)
「モーツァルトを求めて」(『一枚のレコード』中央公論社、一九七二年十一月)
「ベートーヴェン」(『ステレオ芸術』一九六九年八月号／『今日の演奏と演奏家』音楽之友社、一九七〇年八月／『世界のピアニスト』同前)
「スクリャービンをきく――アシュケナージ／ストイアマン／グールド」(『音楽の時間＊CD25選』新潮社、一九八九年十二月)
「テレビで見たグレン・グールドの演奏」(『音楽―展望と批評　1』朝日文庫、一九八六年二月／『世界のピアニスト』同前)
「グレン・グールドを見る」(『ソニー・クラシカル　SRLM990-5』／『物には決ったよさはなく……』読売新聞社、一九九九年四月)
「うちなるものへ――グールドの死」(『中央公論一九八三年一月号』／『物には決ったよさはなく……』同前)
「グールド没後二十年」(『たとえ世界が不条理だったとしても』朝日新聞社、二〇〇五年十一月／『世界のピアニスト』同前)
「グールド再考」(『たとえ世界が不条理だったとしても』同前)
「演奏二態」(『たとえ世界が不条理だったとしても』同前)
「演奏の「違い」について」(『レコード芸術』二〇〇一年一月号／『吉田秀和全集24』白水社、二〇〇四年十二月)
「私はグールドのような人はほかに知らない」(『ソニー・クラシカル　SRLM1082-3』／『物には決ったよさはなく……』同前)
「グレン・グールドとは何か」(『レコード芸術』一九八五年二月号／『吉田秀和全集15』同前、一九八六年十一月)
「グレン・グールドを語る」(『ショパン』一九九五年一月号)

＊本文中に記載のレコード、CD等の番号、及び廃盤といった情報は当時のものなので、現況はネットやCD店他でご確認下さい。

グレン・グールド

二〇一九年 五 月一〇日 初版印刷
二〇一九年 五 月二〇日 初版発行

著 者 吉田《よしだ》秀和《ひでかず》
発行者 小野寺優
発行所 株式会社河出書房新社
〒一五一－〇〇五一
東京都渋谷区千駄ヶ谷二－三二－二
電話〇三－三四〇四－八六一一（編集）
〇三－三四〇四－一二〇一（営業）
http://www.kawade.co.jp/

ロゴ・表紙デザイン 粟津潔
本文フォーマット 佐々木暁
本文組版 株式会社ステラ
印刷・製本 中央精版印刷株式会社

Printed in Japan ISBN978-4-309-41683-0

レクィエムの歴史

井上太郎　41211-5

死者のためのミサ曲として生まれ、時代の死生観を鏡のように映しながら、魂の救済を祈り続けてきた音楽、レクィエム。中世ヨーロッパから現代日本まで、千年を超えるその歴史を初めて網羅した画期的名著。

中世音楽の精神史

金澤正剛　41352-5

祈りの表現から誕生・発展したポリフォニー音楽、聖歌伝播のために進められた理論構築と音楽教育、楽譜の創造……キリスト教と密接に結び付きながら発展してきた中世音楽の謎に迫る。

歌謡曲春夏秋冬　音楽と文楽

阿久悠　40912-2

歌謡曲に使われた言葉は、時代の中でどう歌われ、役割を変えてきたのか。「東京」「殺人」「心中」等、百のキーワードを挙げ、言葉痩せた今の日本に、息づく言葉の再生を求めた、稀代の作詞家による集大成！

十年ゴム消し

忌野清志郎　40972-6

十年や二十年なんて、ゴム消しさ！　永遠のブルース・マンが贈る詩と日記による私小説。自筆オリジナル・イラストも多数収録。忌野清志郎という生き方がよくわかる不滅の名著！

憂鬱と官能を教えた学校 上　【バークリー・メソッド】によって俯瞰される20世紀商業音楽史　調律、調性および旋律・和声

菊地成孔／大谷能生　41016-6

二十世紀中盤、ポピュラー音楽家たちに普及した音楽理論「バークリー・メソッド」とは何か。音楽家兼批評家＝菊地成孔＋大谷能生が刺激的な講義を展開。上巻はメロディとコード進行に迫る。

憂鬱と官能を教えた学校 下　【バークリー・メソッド】によって俯瞰される20世紀商業音楽史　旋律・和声および律動

菊地成孔／大谷能生　41017-3

音楽家兼批評家＝菊地成孔＋大谷能生が、世界で最もメジャーな音楽理論を鋭く論じたベストセラー。下巻はリズム構造にメスが入る！　文庫版補講対談も収録。音楽理論の新たなる古典が誕生！

著訳者名の後の数字はISBNコードです。頭に「978-4-309」を付け、お近くの書店にてご注文下さい。